あのとき売った本、売れた本

小出和代
Kazuyo Koide

光文社

あのとき売った本、売れた本

はじめに

「本屋の思い出話、書きませんか」

光文社の編集者鈴木《すずき》さんから誘いを受けたのは、二〇一九年秋、私が退職の挨拶《あいさつ》メールを送ったときのことだった。

「あの本を売ったときの裏話、みたいなものが読みたいんです。皆が知ってるベストセラーでも、個人的な思い入れがある本でもいいです。むしろ個人的な話に偏《かたよ》った方が面白くなると思います」

なるほど、それなら書けるかも。と気軽に引き受けて書き始めたのが、『あのとき売った本、売れた本』だ。

ところがどっこい。いざ連載を始めてみたら、早々と脂汗まみれで呻《うめ》くはめになった。だって、本を売るときって、毎回変わったことばかりするわけではないのだ。基本的には目立つ場所に積んで、ＰＯＰを付けたり看板を掛けたり、ＳＮＳで紹介したりする。そういう定番のやり方があって、流れの中で売れていく本の方が断然多い。人に話して面白がってもらえるようなベストセラー裏話なんて、そうそうないのである。

私が勤めていたのは、紀伊國屋《きのくにや》書店新宿本店というとても大きな店だった。大抵の本は入ってきたし、たくさんのお客さんでいつも混雑していた。イベントや著者来店も多く、本を売る環境としては最高に恵まれた場所である。地下二階、地上九階まであるビルのほとんどのフロアと、別館にも売場があって、各フロア、ジャンルごとに細かく担当者が分かれていた。

私は最初に文学書売場へ配属され、なぜかそのまま延々と同じ場所に居続けることになってしまった。おかげで他の売場や支店の仕事をほとんど知らない。文芸書を売る仕事はとても楽しかったけれど、書店員としては引き出しが少なすぎて、連載原稿を書きながら何度も頭を抱えた。

ちなみに、連載中に店の名前を伏せ続けたのは単なる惰性で、他意はない。仕事上、発表前の情報やオフレコ話を知ることも多く、固有名詞を出さない会話が癖になっていた名残りだ。途中で「店名を伏せる意味ないね？」と気づいたものの、結局そのまま通してしまった。

そんなわけで、今回書籍化するのにあわせて、店名を補足した。

脂汗まみれで呻こうが、頭を抱えようが、身の内にないことは書けない。

『あのとき売った本、売れた本』では、「偏った方が面白い」という最初の言葉を頼りに、自分の手が届くところのことだけを書き記してきた。

できるだけ楽しい話、景気のいい話、大型書店ならではの話を選んできたつもりだけれど、さて、読んで下さる方の感想はどうだろう、少しでも楽しんでいただけたら嬉《うれ》しい。

目次

特記されていない情報は連載中
（2020〜2023年）のものです。
注釈がある場合を除き、
書影は一次刊行物を使用しています。

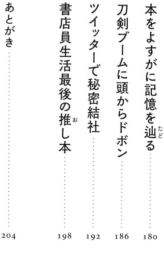

幸福な出会いと巡り合わせ

二〇一九年の終わりに、長く勤めた紀伊國屋《きのくにや》書店新宿本店を退職した。数えてみたら二十五年、同じ店の、同じ売場に居続けたことになる。学生時代にここでバイトもしていたから、実際はもう数年長い。

おかげでたくさんの文芸書に出会ってきた。きっと死ぬまで忘れないだろうと思える、特別な本もある。例えば米澤《よねざわ》穂信《ほのぶ》さんの『さよなら妖精』には、とても幸福な関わり方をした。私の書店員生活を支えた大切な一冊だ。

『さよなら妖精』は、大人気「古典部《こてんぶ》」シリーズの、幻の三作目を礎《いしずえ》にしている……という

『さよなら妖精』
米澤穂信
東京創元社
（2004 年 2 月単行本、2006 年 6 月文庫　発売）

話をご存じの方も多いと思う。

「古典部」シリーズの一作目は、米澤さんのデビュー作『氷菓』、二作目は『愚者のエンドロール』で、ここまでが角川スニーカー文庫〈スニーカー・ミステリ倶楽部〉というレーベルで出版された。しかしレーベル自体が休止されることになり、シリーズの転換点として書き上げていた三作目が宙に浮いてしまう。途方に暮れていたところ、東京創元社との縁が繋《つな》がり、この話は全面改稿の上で『さよなら妖精』として出版された。二〇〇四年二月のことだ。

米澤さん自身がいくつかのインタビューで答えているけれど、もしこの三作目が順調に出版されていたら、逆に「古典部」シリーズはそこで終了していたかもしれない……らしい。『さよなら妖精』は書かれなかっただろうし、私は彼に出会わなかったかもしれない。

私の方はといえば、このときちょうど推理小説棚の担当をしていた。勤めていた店は何しろ大きかったので、同じ文芸書でもジャンルごとに別々の管理者がいたのだ。ある日、推理小説棚に縁が深い東京創元社の営業氏から、「話が合いそう」という理由で編集者の桂島《かつらじま》さんを紹介された。そしてまんまと気が合った挙げ句、話の流れで、近々出る本を読んでみてもらえないかという打診を受けた。

「事件が起きて、それを探偵が解決するタイプのミステリではありません。これはミステリではない、と言う人もいると思う。この作品は、世に出さなくてはいけないのです」

世に出したい、ではなく、出さなくてはいけない、と彼は言った。担当編集者にそう言わせる作品って、一体どんな話だろう？

出版前の作品を書店員が先読みするのは、今でこそよくあることだけれど、当時はまだ珍しい話だった。少なくとも私は、書店員歴十一年目にして初めて受けた話だったように思う。作品に対する興味と同じくらい、出版前の作品を読ませてもらうという行為自体が嬉《うれ》しくて、二つ返事で引き受けた。

そうして届けられた小説が、『さよなら妖精』だったのだ。


一九九一年四月、守屋路行《もりやみちゆき》と太刀洗万智《たちあらいまち》は、雨宿りをしていた異国の少女と出会った。ユーゴスラビア連邦から、二ヶ月間の予定で来日していたマーヤ。彼女は屈託なく、日本の生活のあらゆることに好奇心を抱き、「そこに哲学的意味はありますか？」と熱心に問いかけた。文化の違いから生じる彼女の疑問が、守屋たちの当たり前の日常を、謎に満ちたものに変える。

マーヤはユーゴスラビアの未来のために、政治家になることを志していた。彼女のように自ら求めて動けば、自分も、もっと様々なことに触れられるのだろうか。広い視野を持って、何かを変えることができるようになるのだろうか。何事にも熱くならなかった守屋の心に、大きな波が立つ。

やがて時が来て、マーヤは自分の国へ帰って行った。けれど守屋たちは、彼女の祖国を正確に知らないままだった。思い出の中にあるヒントを集め、最後の謎解きをして辿《たど》り着いた答えに、守屋は絶句した。突きつけられたのは、残酷な現実だった。

読み終えて、私は真っ先に「えっ、これミステリ？」と思った。ミステリに非《あら》ず、という意味ではない。手掛かりは作品の中にすべて示されて、堅実に回収されていく。間違いなく上質な本格推理小説だった。でもそれ以上に、繊細かつ鮮やかなボーイ・ミーツ・ガール小説でもあって、私はその部分に強烈に惹《ひ》かれたのだ。

マーヤは、変化の少ない守屋の日常に突如開いた異文化への扉だった。そしてわずかな関わりの中で、彼の根本を揺り動かした。守屋が抱いた焦りや衝動はひと言で説明しづらいものだ。この感情の動きを、派手な事件を起こさず、平凡な日常を描いて読者に納得させるには、著者側に相当な技術やセンスが要るのではないだろうか。推理小説としての姿勢の良さと、謎解きを介してさらに何かを書こうとする意思。なるほど、担当編集者が「世に出さねば」と意気込むわけだ。この才能を埋もれさせていいわけがない。

本が世に出た後は、書店の仕事だ。売らねば。

書店によっては、書籍の発注は店長や専門部署の管轄で、棚担当者がチャレンジしづらいところもあるという。でも私が勤めていた書店では、どの本を何冊仕入れてどうやって販売展開するか、基本的に各棚の担当者判断に任されていた。だから、自分が気に入った本、売れると判断した本は、たくさん仕入れて推《お》していい。私は、棚の最上段をまるごと『さよなら妖精』で埋めた。

推せば読んでみてくれる貪欲なお客さんの多い店だった。反応は早々に出た。努力が売上に直結しやすい店であるというのはひとつの幸運だったと思う。サイン本もたくさん作ってもらった。あの頃のサイン本はまだ、人気作家が特別なときに書いてくれるものという認識が主流で、文庫本を二冊出しただけの若手作家に拡販材料として作ってもらうのは珍しいやり方だった。もちろん私が最初に始めたわけではなく、誰かが先にやっていたのを見て真似《まね》たのだけれど、ともかく、希望数を伝えたときに関係者が揃《そろ》って凍りつき、「返品できませんよ」と言ったのは覚えている。

結果、めでたくサイン本は完売した。通常分の『さよなら妖精』も追加発注して売り続け、全国的に良い売上になった。米澤さんはその後、流れを摑《つか》んで、『春期限定いちごタルト事件』に始まる「小市民」シリーズの開始、「古典部」シリーズ再開、『ボトルネック』や『インシテミル』といった新作へのチャレンジと、堅実に歩《ほ》を進めていくことになる。今や皆さんご存じの、人気作家だ。米澤さんが着々と売れっ子になっていくのを、私は最初から現場で見続けることができたわけで、本屋としてもーファンとしても嬉しいことだった。

応援したい本を、自分の責任で発注して確実に売るためには、ある程度の経験と、前のめりな熱意が必要だと思う。もし私が、もっと若い頃に『さよなら妖精』と出会っていたら、経験が足りずに地味な販売しかできなかったかもしれない。逆にもう少し経験を重ねた後だったら、理屈の方が勝って、初回からあんなにサイン本を頼まなかったかもしれない。担当編集の桂島さんと知り合ったのも、今思えば計ったようなタイミングだった。

皆がお互いに、とても良い時期に出会ったのだ。金運とか恋愛運とか出世運とかにはトンとご縁がないけれど、人との出会い運だけはべらぼうに良いのが私の自慢だ。

書店員として得た幸福な出会いは、本屋を離れた今でも、幸福な関係として続いている。

わからないは面白いの始まり

『パレード』
吉田修一
幻冬舎
（2002年2月単行本、2004年4月文庫　発売）

何だか妙に売れるなあと、思ったのだった。

吉田《よしだ》修一《しゅういち》さんの『パレード』が発売されたときのことである。二〇〇二年二月、私は「日本文学」という棚を担当していた。私が勤めていた紀伊國屋《きのくにや》書店新宿本店では、文芸書という大枠の中を、さらに「ミステリ」とか「時代小説」とか「外国文学」といったいくつものジャンルに分けていた。「日本文学」はそのうちのひとつで、特定のジャンルに分けられない小説全般と、主に純文学寄りの本を集めた棚だった。

純文学。実はちょっと苦手だなあと思っていたジャンルだ。学生時代に課題で読んだいくつかの近代文学が理解できず（単なる私の力不足だ）、そのまま「よくわからないもの」として刷り込まれてしまった。当時は特に結末で置いてけぼりを食うことが多くて、「ここで終わるの？　まだ話の途中じゃない？」と、消化不良になりがちだった。

一度苦手だと思い込んでしまうと、なかなか手は伸びない。避けてしまうから、知識も増えない。そんなわけで、文芸書の担当としては恥ずかしい話だけれど、この棚を管理していた頃の私は、完全に売上データが頼りだった。まあ、データを頼ること自体は決して悪いことじゃない。売れていく数を見て追加を発注し、棚に空きがあれば補充し、売れ筋の在庫が切れっぱなしになるのを極力減らす。本屋の基本的なやり方だ。

そうやって地道に棚を触っているうちに、「あれっ。売れるペース速くなってない？」と気づいたのが、吉田修一さんの本だった。

『パレード』が売れているのは承知していた。平積みにしてある新刊だから、当然だと思っていた。気になったのは、既刊『最後の息子』と『熱帯魚』の方だ。いつもは棚に一冊ずつ差し、売れたらまた店の発注システムによって自動的に補充されてくるのを待つようにしていた。それで十分間に合っていたのだけど、何だか最近、しょっちゅう棚に穴があいている。

慌てて売上データをチェックしたものの、実際の数字はさほど伸びていないように見えた。

実はこの「データ上はさほど伸びていないように見える」というのは、ちょっと注意すべき点だ。なぜなら、在庫一冊の本が売れて、自動発注されて、再入荷してきて……というサイクルに任せているだけだと、データ上はいつまでも、「たまに一冊売れる程度」としか記録されないからだ。本当に一冊で良い本か、実はもっと売れるはずの本なのか、担当者は見分ける必要がある。もっとも、こういう気になる本を見つけたら、考え込んでいないでさっさと積んでみた方がいい。

……なんて、偉そうに言ったものの、では私はどうだったかというと、ものすごくへっぴり腰だった。「読んでもよくわからないジャンル」という思い込みが変にこじれ、自分の判断全般に自信が持てなかった。

結局、二冊、三冊と棚に差しておく本の数を増やしておずおずと様子を窺《うかが》い、四冊ずつにしようかと迷い始めたところで、「いや、積んだ方が良くない⁉」と、ようやく思い直したのだった。

さて、こうやって積むからには、自分で読んで、POPのひとつくらい書かねばなるまい。私は気負って、『最後の息子』を買って帰った。読んで理解できるだろうかとちょっぴり不安もあったのだけれど、結局夢中になって、数日のうちに『パレード』まで三冊すべて読み通してしまった。

びっくりした。めちゃくちゃ面白い。

「ここで終わっちゃうの？」という例の感想も頭をもたげつつ、「だからわからない」という諦めではなく、今度は「摑《つか》めなくて悔しい」と思った。『最後の息子』表題作の〝ぼく〟は、なぜあの人を待ってしまうんだろう。『熱帯魚』表題作ラストで、大輔《だいすけ》はなぜあんなことをしたんだろう。私にとって、彼らの言動は簡単に腑《ふ》に落ちるものではなくて、だからこそ本文をめくり直したり、考え込んだりしてしまう。「わからない」と「面白い」と「悔しい」が、ごちゃごちゃになって、わーっと降りかかってくる感じだった。

そして、新刊の『パレード』である。これもまた衝撃のラスト、むしろ一番の、「何でそこで終わっちゃうの!?」作品であった。でも今読み返してみると、この容赦ない幕引きこそが、作品の肝だったんだなと思う。

『パレード』は、奇妙な同居生活を続けている男女の物語だ。大学生の杉本良介《すぎもとりょうすけ》、無職の大垣内琴美《おおこうちことみ》、映画配給会社に勤める伊原直輝《いはらなおき》、イラストレーター兼雑貨屋店長の相馬未来《そうまみらい》。皆が適度にゆるく、時にモメつつ、そこそこ快適に過ごしている。そんな彼らの生活や、今に至る事情が、それぞれの視点で一章ずつ描かれる。実在の店名やドラマ、タレントの名前など、固有名詞がたくさん出てきて、何だか流行《はや》りのドラマを見るようだ。

ある日「夜のお仕事」をしている小窪《こくぼ》サトルが転がり込んでくる。このあたりから、ゆるい共同生活に、うっすらと不穏な影が見え隠れするようになる。彼らの生活圏で起きている通り魔事件が、チラチラと読者の視界を横切っていく。

ねえ、サトルって、もしかして……？

ミステリ的な展開や解決を無意識に想像しながら読んでいくと、最終章でひょいっと思いがけないラストを突きつけられる。それは突然発生した異様な事態ではなくて、一冊まるごと語られてきた日常の延長だった。キラキラしていて、怖い。うわー、なんだこれ。しかもこの後どうなるのか、わからないまま幕を引かれるから、さらに怖い。

作中で未来が、「ここでの暮らしって、私にとってはインターネット上でチャットしているようなもんなのよ」と言っていた。共同体でうまくやるために、皆が見せたい自分を演出し、自分のそばにいてほしい人物像を相手の上に重ね合わせているのだと。『パレード』の中では、重要なセリフのひとつだと思う。でもこれって、作中の彼らに限った話だろうか？　私たちだって同じじゃないか、と思ったら、怖いラストが他人事《ひとごと》ではなくなってしまった。なんてこった。

学生時代の私は、事の次第だけでなく、感情の動きやその理由まですべて説明しきってくれる話が好きだった。でも、説明しきらない方が面白い、複雑なことをいっぺんに伝えられる、という作品もたくさんある。最初から最後まで抽象的な話をされると、私みたいな嗜好《しこう》の読者は振り落とされてしまうけど、吉田さんの作品は描写も説明も具体的だから、取っ掛かりやすくてすごく良かった。

『パレード』も『最後の息子』も『熱帯魚』も、おっかなびっくり積み始めたものの、最終的に、積んだ甲斐《かい》のある売上になった。このとき書いたＰＯＰも、吉田さんがとても喜んで下さったと、出版社の人から伝え聞いた。

この三冊は、私にとって、勝手に苦手だと思ってきたジャンルに橋をかけてくれたきっかけの本だ。この頃から、担当したジャンルの本は食わず嫌いせず読んでみる、ということが増えたように思う。

『パレード』は二〇〇二年の山本周五郎賞を受賞した。さらに、『パレード』の六ヶ月後（二〇〇二年八月）に出た『パーク・ライフ』は、同年上半期の芥川賞を受賞する。吉田さんの作品をタイミング良く全点積んでいたものだから、私はちょっとばかり目が利く人だと勘違いされたのだけれど、本当はこの通り全然違うのだ。まあ、ありがたく勘違いされたままにしておいたのは、内緒の話である。

応援ペーパー作りませんか

ある日、アルバイトの男の子が、「本屋から電話です」と私を呼びに来た。本屋はウチの方だぞと言いつつ出てみると、相手は他の書店チェーンで働く高橋美里《たかはしみさと》さんという人だった。

「応援ペーパーを作るから協力してほしい」というのである。

何を応援するのかと思えば、森見登美彦《もりみとみひこ》さんの新刊『夜は短し歩けよ乙女』だった。

おお、良いですとも。彼の作品なら、デビュー作から推《お》し続けておりますし。

というわけで、さっそく応援文を書いて送った。違う会社の人間にまで声をかけてペーパー作るなんてすごいなあと感心していたら、やがて届いた完成版がさらに仰天だった。

えっ、両面あるの？　裏が全面手書きの京都地図？　著者からの刊行の辞まで載ってるんで

『夜は短し歩けよ乙女』
森見登美彦
KADOKAWA
（2006年11月単行本、2008年12月文庫　発売）

すけど！　何これすごい。これ本当にウチの店でも配っていいの⁉

　この本を売りたい、という情熱が溢《あふ》れると、書店員はいろいろなものを作り始める。例えばＰＯＰや看板、フリーペーパーなどなど。ペーパーには、熱い推薦文や登場人物紹介といった、本に興味を持ってもらえそうな情報を詰め込んで、大抵は店内有志か、同じ会社のチェーン内有志で作る。高橋さんのようにわざわざ会社を跨《また》いで作るケースを、私はそれまで聞いたことがなかった。

　だって、社内だけで作るより、余分に手間暇がかかるのだ。二〇〇四年に始まった本屋大賞のような、大きなイベントをするというならともかく、日々の業務に近いところでこんな手間暇をかけていたら、時間なんていくらあっても足りなくなる。しかも著者のコメントまでもらって、ペーパー設置店共通の達磨《だるま》ＰＯＰまで作って、自店の飾り付けはまた別に考えるという。ペーパーの一面を占めた手書きの京都地図は、彼女の同僚が書いたものだ。

　みんなすごい。けど、大丈夫なのか。これはどう見ても業務時間中にできる作業じゃない。それにペーパーの効果で本が売れたとしても、他の店で売れた分は、彼女たちの店の売上にならないのだ。

　そう聞いたら、高橋さんも同僚さんも、「大丈夫」と笑った。「あちこちで売れる話題の作家になれば、必然的に自分の店でも売れるようになるから」

「森見さんの本が売れるだけで嬉《うれ》しいもんね」

おお、何という美しい言葉。

本屋の神様、お聞きになられたか。森見さん、愛されてる。

さて、高橋さんが声をかけてきたのは、私が森見登美彦ファンだというのをどこからともなく聞きつけたからだった。私の森見ファン歴は長い（自慢）。出会いは、デビュー作『太陽の塔』が出たときだ。第十五回日本ファンタジーノベル大賞という冠に注目したのはもちろんだけれど、表紙も好みで、手に取ってめくったが最後、面白文章すぎて閉じられなくなってしまった。

デビューと同時に目をつける、なんて私にしては超絶珍しいことだったから、しばらく「森見登美彦はいいぞ」と言い続けた気がする。他の書店でも、「森見登美彦はいいぞ」と繰り返して本を積み上げる店員が何人もいたようだ。それはそうだろう。あんなに愉快で不思議な小説、人目につかない方がおかしい。

その後、『四畳半神話大系』『きつねのはなし』と刊行されて、これは間違いなくえらい才能だ、もっと知られて売れるべきとコブシを握っていたところへ、二〇〇六年十一月、『夜は短し歩けよ乙女』が登場したのである。

『夜は短し歩けよ乙女』は、京都の大学に入学した〝黒髪の乙女〟が送るワクワクの新生活と、彼女に恋心を抱いた〝先輩〟の、いささか間抜けな奮闘の物語だ。乙女の事情と、先輩の七転八倒が、それぞれの語りで交互に描かれる。

乙女は春の木屋町《きやまち》で、酒豪の李白翁《りはくおう》と一騎打ちの飲み比べをする。夏には下鴨《しもがも》神社の古本市で、思い出の絵本を探して歩き回る。秋の学園祭では奇っ怪なゲリラ演劇のプリンセスを演じ、冬には街を蹂躙《じゅうりん》する風邪の神様と果敢に戦う。現実と非現実が地続きの、なんともヘンテコな魅惑の冒険譚《ぼうけんたん》である。

対する先輩は、一年かけてごく自然に乙女と仲を深め信頼を得る……つもりで、ひたすら妙な方向から外堀を埋めようとする。直接声をかける勇気がなさすぎて、「なるべく彼女の目にとまる作戦」略してナカメ作戦などを敢行し、乙女のまわりを怪しくウロウロするのだ。

なんという愛すべきアホウ！　しかも乙女がド天然すぎて、まったく伝わらない！

さらに二人の友人知人が曲者《くせもの》ばかりで、好き勝手に関わるので、乙女の冒険も先輩の苦闘も、あっちへゴロゴロ、こっちへゴロゴロと転がりまくる。ところがそうして一年過ぎる頃には、何となく、全体がふんわりハッピーになるのだ。こんなにまるごと愉快で幸せな本には、そうそうお目にかかれるものではない。

詭弁《きべん》踊り、閨房《けいぼう》調査団、おともだちパンチに、韋駄天《いだてん》こたつ……と、作中に登場したものを並べただけでも、何だかすごく面白そうなのは伝わると思う。森見さんの作品は、言葉や道具の組み合わせが抜群に上手《うま》いのだ。難解な熟語を軽やかに並べながら、桃色破廉恥な話をする両極端なバランス感覚がいい。「おともだち」も「パンチ」も「韋駄天」も「こたつ」も、ありふれた単語なのに、組み合わせた途端に異彩を放つ。林檎《りんご》と達磨が並ぶのも可愛《かわい》いし、偽電気ブランや潤肺露《じゅんぱいろ》といった、わかりそうでわからない酒や薬が登場するのも楽しい。個人的に大好きなのは、巨大な緋鯉《ひごい》のぬいぐるみだ。小柄な乙女がこれを背負い、百鬼夜行か梁山泊《りょうざんぱく》かという学園祭を闊歩《かっぽ》する姿を想像すると、可愛いやら胡散臭《うさんくさ》いやらでたまらなくなってしまうのだ。

もうひとつ、森見作品の素敵なところとして、擬音のキュートさも挙げたい。達磨はぽうんと跳ねるし、街の群衆はうごうごする。乙女はむん！　と胸を張ったり、ふくふくと笑ったりする。何より、なむなむ！　だ。祈りのような、気合いのような、この四文字の愛らしさといったら！　あまりに愛らしすぎて、しばらく身近な森見ファンの間で挨拶《あいさつ》みたいに流行《はや》った。森見さんの言語センスは、声に出して真似《まね》てみたくなる。

この、めちゃくちゃ可愛い作品を売るために、私もせっせと棚を飾りたてた。桜の造花を挿し、そこに達磨や緋鯉やブリーフ等、作品に登場するアイテムをいくつも吊《つる》した。実物のブリーフを吊すのはいくらなんでもアレなので、夜なべしてミニサイズを手縫いした記憶がある。真夜中に何をしているのか……と思わなくもなかったけれど、まあ楽しいし、売れてくれれば良しだ。高橋さんが主導してくれたフリーペーパーはもちろん大好評で、他の店でも、本と一緒にどんどんお客さんの手に渡っていったという。ペーパー発行に関わった人々は、『太陽の塔』に登場した自転車にあやかって「まなみ組」と名乗ることになった。

『夜は短し歩けよ乙女』が発売されてから、森見さんは一気にスポットライトの当たる舞台の真ん中へ躍り出たと思う。二〇〇七年三月には次の作品集『【新釈】走れメロス　他四篇』が出版され、森見ファンはますます熱狂した。さらに『夜は短し歩けよ乙女』は四月に本屋大賞二位を獲得し、五月には山本周五郎賞を受賞、七月には直木賞候補……と、ずっと、ライトが当たり続けた。めでたいめでたいと踊る書店員も増え続け、しまいにはわけがわからなくなった。

　森見さんの作品には、純粋で臍曲《へそま》がりで情熱的な、愛すべき面倒くさい人々がたくさん出てくる。私が知る限り、書店員も大概そんな感じである。

　願わくはまた何度でも、踊る機会がありますように。

　その中心に森見さんの神輿《みこし》があったら、楽しさ倍増だろうなと思っている。

慇懃《いんぎん》無礼な帯が人を呼んだ話

皆さんは書店で本を手に取るとき、どこに惹かれているだろう。

作家名？　内容？　目当ての作家がいるなら、それは重要なポイントだ。では知らない作家の本だったら？　タイトルや表紙のデザイン、書店員の手書きＰＯＰあたりがきっかけになるかもしれない。帯の惹句《じゃっく》や、タレントの推薦文に影響されることもあるだろう。

どんな作品も、まずは手にしてパラパラめくってみてもらわなくちゃ始まらない。だから、どうやって人の目を惹きつけるかは、最初の勝負どころだ。本のデザインも宣伝も陳列も、すべて本に関わる人たちの「売れろ！」という念から生み出されている。

今回挙げるのは、「帯」がめちゃくちゃ効果的だった、東川篤哉《ひがしがわとくや》さんの「謎解きはディナー

『謎解きはディナーのあとで』
東川篤哉
小学館
（2010年9月単行本、2012年10月文庫　発売）

のあとで』シリーズだ。初版時の帯には、こう書かれていた。

「失礼ながら、お嬢様の目は節穴でございますか?」

作中のセリフを抜き出したものだ。失礼ながら、と慇懃に腰を折りながら、節穴と直球でバカにしてくるこの無礼……もとい、率直さ。ついニヤリとしてしまう。

この本が発売された二〇一〇年九月、私は新刊・話題書の担当をしていた。以前は新人が担当することもあった棚だけれど（各ジャンルの人気作家を覚えるのに最適だったのだ）、私が引き受けた頃は、ある程度経験を積んだ中堅〜管理職あたりが担当するものになっていた。新刊棚だけでなく、売場全体の在庫数や発注数にも目配りしてね、というお役目である。

私が『謎解きはディナーのあとで』を新刊平台に積んだのは、なんとなく、だった。特に深いことは考えていなかったような気がする。でも、積んだ日のうちに、あるお客さんの奇妙な動きを目撃した。レジ前の入口から入ってきた男性が、平台をさーっと眺めながら通り過ぎた……と思ったら、急に足を止め、そのまますするっと二、三歩下がったのだ。ムーンウォークか？　違う。何か気になるものを見つけた人の動きだ。

何に目をつけたのかと見守っていると、その男性は『謎解きはディナーのあとで』を手に取り、パラパラめくって検討した後、レジへ向かった。おお、お買い上げありがとうございます、お客様。

ところが、しばらくしてまた別のお客様が、新刊台の前でムーンウォークしているのを見てしまった。手に取ったのは同じ、『謎解きはディナーのあとで』だった。

短時間のうちに二回同じ動きがあったら、偶然ではないと身構えた方がいい。念のためにもう少し、平台の前を行き来する人々の様子を窺《うかが》って、確信した。これは明らかに「帯」だ。「お嬢様の目は節穴でございますか？」の一文に、通りすがりの一見《いちげん》さんが捕まっている。

著者の東川篤哉さんは、すでに何冊も著作があって、本格ミステリファンにはよく知られた人だった。固定ファンがついている作家は、毎回ある程度売れる数が予想できる。でもこの調子だと、今回の新刊は化けるかもしれない。

すぐに追加発注した方がいいと、私は当時のミステリ棚担当に声をかけた。けれど、反応が芳《かんば》しくなかった。既刊のデータから判断して、慌てる必要はないというわけだ。今回は様子が違うと説明しても、通じない。そうこうしている間に、平積みは着々と減っていく。

こういうとき、独自に動いて商品を確保したり、販売する場所を広げて、積む本の数を増やしたりするのが新刊担当の役目だ。今回は自分自身がその役目だったから、在庫の保管場所も販売のために広げる場所も、自分で決められる。よかろう。ここは私に任せてもらおうか。

取次《とりつぎ》（問屋）や版元の小学館に連絡して、すぐ搬入してもらえそうな在庫を押さえた。それもまた入荷するなり、続々と売れていく。再度、版元に大きな数を発注した。この時はもう売場でストックできる数ではなかったので、仕入課にも協力を依頼した。

ギリギリのところでパスを繋《つな》ぐような手配がうまくいくと、本当に楽しい。一旦仕入課を巻き込んでしまえば、今度は専門の人たちが、支店の状況まで見ながらフォローしてくれる。ここまで来る頃にはもう、『謎解きはディナーのあとで』が売れているのは一部書店だけの現象ではなくなっていた。

さて、帯が目を惹いたというだけでは、あれほどのベストセラーにはならない。当然ながら作品の面白さがあってこそ、である。

『謎解きはディナーのあとで』の主人公は、東京の国立《くにたち》署に勤務する刑事、宝生麗子《ほうしょうれいこ》だ。上司にして『風祭《かざまつり》モータース』の御曹司である風祭警部に手を焼きながら、事件捜査に明け暮れている。実は彼女自身が、世界的に有名な『宝生グループ』総帥の一人娘で、風祭警部を超えるお金持ちのお嬢様なのだけれど、勤務先でこのことを知っている人はいない。

地味に堅実に仕事をこなした後、ドレスに着替えてお嬢様に戻る瞬間が、彼女の至福の時。なのに、時には難事件にぶつかって、ディナーの時間にまで悶々《もんもん》とするハメになる。悩めるお嬢様の話相手になるのが、宝生家に仕える執事兼運転手の影山《かげやま》である。そして一部始終を聞き出すと、この眼鏡の執事は驚くべき推理力であっという間に謎を解き明かし、勢い余ってつい「お嬢様の目は節穴でございますか?」と率直な物言いをしてしまうのだ。

収録されている六つの短編は、どれもコミカルで、ツッコミの追いつかないゆるさに溢《あふ》れている。でもそのゆるさゆえに、現実的なややこしいところがうまくショートカットされて、推理をシンプルに楽しめるようになっている。どうやって出世したのか皆目わからない風祭警部が捜査中に部下を口説いていても、影山がポケットから都合良く武器を取り出して「執事ですから」と言い放っても、この作品ならまあいいか、と深く考えずに許せてしまうのだ。

しかも、そういうコミカルなシーンにも手掛かりが仕込まれていたりするから、油断ならない。ツッコミながら読んでいた場所に堂々とヒントがあって、影山の指摘を受けながら、麗子と一緒に歯嚙《はが》みしたくなる。ときには麗子がお嬢様だから知らなかったことや、影山が執事だから気づいたことなど、二人の立場の差も推理に生かされていて、上手《うま》いなあ……と唸《うな》らされるのだ。

軽く楽しく読める工夫と、推理小説としてのフェアな仕掛けが巧みに連動している点が、『謎解きはディナーのあとで』のすごいところなのである。

このシリーズは二〇二〇年五月現在、三巻まで出ている。『きらら』二〇二〇年一月号からは、久しぶりに続編の連載も始まった。何やら新人も加わって、ますます愉快なことになっている。

『謎解きはディナーのあとで』があまりに売れたので、各社がこぞって東川さんの本に増刷をかけた。東川さんはユーモアミステリの上手《うま》い人なので、ひとつ気に入れば、他のどの作品を読んでも同じように楽しめる。重版は続々とかかり続けた。中村佑介《なかむらゆうすけ》さんの表紙イラストも注目され、イラストでカバーを作り直す出版社も多かった。そうこうしているうちに年が明けて、『謎解きはディナーのあとで』は二〇一一年四月に本屋大賞受賞、同年秋には櫻井翔《さくらいしょう》・北川《きたがわ》景子《けいこ》主演でドラマ化され、こちらも大ヒットした。あの時期、店頭には「東川篤哉」の本が溢れたのである。

帯がベストセラーに繋《つな》がった例として、この本は私の中で、とても印象に残っている。

走る！ピクウィック・クラブ

『観光』
ラッタウット・ラープチャルーンサップ、
古屋美登里（訳）
早川書房
（2007年2月単行本、2010年8月文庫　発売）

さて今回は趣向を変えて。私が働いていた店で活躍した、本を売るのがとても上手《うま》い人たちの話をしようと思う。

ピクウィック・クラブ、というグループがあった。文学や人文や芸術方面なんかに造詣の深い、有志たちの繋《つな》がりである。グループ名は、チャールズ・ディケンズの長編タイトルから取っている。

彼らはもともと、社内にある喫煙スペースの常連仲間だった。頻繁に顔を合わせるうち、数人が外国文学の話で盛り上がり、「もっと外国文学売りたいよね」ということになったらしい。

彼らは全員、文学書売場の担当ではなかった。中心になっていたのは、語学書売場にいた蜷川《にながわ》くんと、理工学書売場にいた木村《きむら》くん、そして雑誌売場にいた榎本《えのもと》くんの三人だった（ちなみにこのとき、当の外国文学棚を担当して、売上をうまく伸ばせずにいたのが私である。面目ない）。

彼らは、「外国文学売りたいよね」という会話を、喫煙中の雑談で終わらせなかった。まず文庫売場の管理職に交渉して、文庫縛りの外国文学フェアを敢行した。その売上をもって、今度は単行本も一緒に販売すべく、店長へプレゼンをする。そうして大きな催事棚を確保し、二〇〇九年、『対決！　共鳴し合う作家たち』という大掛かりなフェアを開催した。

作家同士の関係や、テーマ性などを鍵に、独断と偏見で併売して「対決」させるという趣向だった。並べる本はすべて、グループの誰かが読み、必ず手書きのPOPを添えた。恐るべき情熱だ。このフェアでは、日本文学も、世界の文学のひとつであるとして対決に参加させた。フェアは大層話題になった。このとき、村上春樹《むらかみはるき》さんの対決相手として並べた磯﨑憲一郎《いそざきけんいちろう》さんが、直後に芥川賞を受賞するといううめでたい出来事もあった。ピクウィック・クラブは目利き集団として注目を集めるようになったのである。

彼らの活躍を文学書売場から眩《まぶ》しく眺めていた私なのだが、彼らの行動でひとつ、印象に残っていることがある。ものすごくささいなことだが、このフェアを始める前に、彼らは文学書売場に挨拶に来たのだ。

正直、びっくりした。

私たちが働いていた紀伊國屋《きのくにや》書店新宿本店は多層階仕立てだったので、ひとつの商品を複数フロアで置くことが多く、どうしても在庫管理がややこしくなる。だから本当は、大きなフェアをやろうとするときは、こうやって関連する売場へ事前に声をかけておいた方が後々スムーズなのだ。でも、その手順を飛ばされることも多かった。私の記憶では、他フロアで開催するフェアの担当者が、わざわざ各フロアの棚担当者一人一人に挨拶に来るなんて初めてのことだった。

誰の発想だったのだろう。売りたい、という自分たちの情熱をただ解放するだけでなく、本屋という集団の中で、仕事としてフェアを開催するということが、ちゃんと意識の中にある。これって、大事なことだと思う。

挨拶に来てくれた人として、私は、雑誌売場の榎本くんがとても印象に残っている。人当たりがよく、いつ声をかけてもウェルカムな感じで、楽しそうに推《お》し本の話をする。他のメンバーたちに声をかけると、案外みんなクールで猫みたいなのだけれど、榎本くんだけどうも犬っぽいのだ。人タラシで、周囲を巻き込み、交渉し、思いついたことをちゃんと実現させて結果を出すところまで持っていく推進力がある。このタイプの人材は、本当に得がたい。

対決フェアが見事な結果を出し、活動に参加する有志も増えて、ピクウィック・クラブは勢いに乗ったまま、次の海外文学フェアを企画した。作家を国別に選出し、サッカーチームのような布陣で売上を競わせるという、『ワールド文学カップ』フェアである。

　このフェアで彼らが推しまくり、話題になったのが、タイを舞台にした短編集『観光』だ。著者はラッタウット・ラープチャルーンサップ氏。シカゴ生まれ、バンコク育ちの若い作家の、これがデビュー作である。

　どの短編も、タイの色彩と、熱と、湿気と、泥に満ちている。例えば表題作「観光」は、もうすぐ視力を失う母親と、進学のために家を離れる息子が、二人旅をする話だ。海沿いを走る列車や、市場でのやりとりなど、ひとつひとつが鮮やかで楽しくて、だからこそ、見え隠れする不安や迷いが余計に切ない。

　私のイチオシは「こんなところで死にたくない」という短編で、卒中を患った白人男性と、彼の息子とタイ人の妻、二人の孫との生活が描かれる。短い話の中で、苛立《いらだ》ちや戸惑い、郷愁やプライドや和解といった複雑な感情が、押したり引いたりして動いていく。物理的な状況は変わらないのに、最後には印象が好転するのだ。苦しいのに、ほっとする。

　他にも、寂れた団地に住む少年と、カンボジア難民の少女との交流を描いた「プリシラ」や、強かった父親が追い詰められ、破滅していくのを娘の目から見つめた「闘鶏師」など、一粒の中に酸いも甘いも閉じ込めたような作品が並んでいる。

　こんなにすごいのに、たぶん私は、ピクウィック・クラブが推さなければ完全に見逃していた本だったろう、とも思う。目利きな上に、推し上手な人たちだった。ありきたりな表現だけれど、彼らに感謝してしまう。

『ワールド文学カップ』フェアで扱った本は六百五十点。例によって、すべてメンバーが手分けして読み、すべてにPOPを手書きした。棚にはスタジアムをイメージした装飾をほどこし、天井には万国旗を連ねた。書店のブログやツイッターを使って、準備段階からフェア中の売上ランキングまで、情報もこまめに発信していた。お客さんの興味や、楽しい！　と盛り上がる気持ちを煽《あお》り続けるのが、ほんとうに上手《うま》い人たちだったと思う。

私はずっと外から応援しているだけだったから、内部の詳細な分業はわからないけれど、うまくいくチームは、個性や特技が奇跡のように噛《か》み合っているものだ。きっとあのときの彼らも、そうだったに違いない。そしてここで再度、榎本くんを引き合いに出してしまうのだが、自発的に人を集めて完遂するところまで持っていける、エンジンになれる人がいるととても強い。彼を含めて、理想的な組み合わせだったのだ。

実は『ワールド文学カップ』が開催されるタイミングで、榎本くんは書店を辞め、出版社へ転職した。あの人タラシっぷりは営業職にとても向いていると思う。転職後も相変わらず店に顔を出して、作戦を立てたり、実行メンバーを手伝ったりして、最後までフェアに関わり続けたようだ。

担当売場なんて関係なく、「やろうぜ！」と勝手に人が集まって動く、動ける環境があるというのは、とても理想的だ。こういう前例ができればなおのこと、後に続く人たちがチャレンジしやすいし、店の強みにもなる。事実、ピクウィック・クラブのような有志チームが、後にまた世間を騒がす大きなフェアを成功させた。

この話はいつか、別の機会に語りたい。

同じ文学好きが集まり、「好き!」「いいよね!」と蹴り上げる球が歓声に包まれて見事にゴールするのを見ると、応援している方も楽しくなるのである。

大地が揺れた日
～東日本大震災～

そのとき、私は売場にいた。二〇一一年三月十一日のことだ。昼休みが終わり、午後の荷物が届くまでまだ少し時間があるという、十四時四十六分。いきなり床が動いた。東《ひがし》日《に》本《ほん》大震災である。

当時の文学書売場は一階にあって、多少の揺れでは気づかないのだけれど、この日ばかりは疑いようもなかった。新刊台の前にいた私は、本を満載した棚が、ずるっと横滑りするのを見た。

幸い一階では棚も倒れず、怪我《けが》人も出なかった。避難指示の店内放送が流れる。私たちは外へ逃げる人を誘導し、衝撃で座り込む人を介抱し、頑《がん》として立ち読みを続ける人を説得してま

『GOSICK VIII 上・下
―ゴシック・神々の黄昏《たそがれ》―』
桜庭一樹
KADOKAWA
（2011年6月上巻、7月下巻文庫　発売）
※書影は上巻

わった。

最後に、過呼吸で動けなかった女性を外へ導いて、店内の避難が完了した。大通りは人で溢《あふ》れている。また地面が揺れた。木が、ビルが、目に見えて撓《しな》っている。揺れ方からして、東京直下の地震じゃない。では、震源はどこだ。静岡か、千葉沖か、茨城か。

「東北だって」

路上の誰かが携帯を見ながら言った。宮城に津波が、という声も聞こえた。

過呼吸が治まったばかりの女性が、声を上げて泣き出した。実家が仙台にあるという。

店は臨時休業になった。電車もバスも止まっているらしい。私はとにかく、どこかで座りたかった。同僚たち数人と、営業中の喫茶店に逃げ込んだ。ツイッターを覗《のぞ》きながら、状況が少し落ち着くのを待った。でも、時とともに混乱は増すばかりだった。外は暗くなる。バスが動き始めたという情報が入ったものの、列が長大すぎていつ乗れるか不明らしい。

まずい。これは本当に帰れないかも。

ツイッターにそうこぼしたら、すぐ、「うち来る?」と連絡をくれた人がいた。

当時、店の近くに住んでいた、桜庭一樹《さくらばかずき》さんだった。

桜庭さんとは、『少女には向かない職業』が出版された頃の作家+書店員交流会で出会い、仲良くなった。彼女は猛烈に本を読む人で、日課の散歩ルートに、私の働く書店が入っていたのだ。二〇一一年一月には、桜庭一樹読書日記第四弾『本に埋もれて暮らしたい』の刊行にあわせ、桜庭さんによる選書フェアを開催した。その都合で、この頃はちょうど頻繁に連絡を取り合っていたのだ。

地獄に仏。私たちはお言葉に甘えて、桜庭さん宅へ泊めてもらうことにした。時間がかかっても家に帰りたい、という人たちを駅向こうのバス停まで送り、私ともうひとりの同僚Sさんは、えっちらおっちら来た道を引き返した。

桜庭さん宅は、マンションの上階にあった。玄関先から奥へ続く廊下には、本が延々と積まれていて、ところどころ雪崩《なだ》れが起きていた。

居間兼仕事場へ入れてもらい、しばらくはわあわあと、今日の出来事を報告しあった。テレビにはCGみたいな現実味のない波の映像と、暗い海の中継と、赤と黄色に縁取られて点滅する日本地図が映っている。絶え間なく部屋が揺れ、警報が鳴り、地震速報が流れる。そのテロップが流れている間にまた揺れが来る。この速報は一体どの揺れのことをさしているのか、途中からまったくわからなくなった。

気づけば三人して、ぽかーんとテレビを眺めていた。

帰れなくなって、泊めてもらえて良かった。私は、地震には強い方だけれど、こんなに常軌を逸した余震の中、ひとりで夜を明かすのはさすがにしんどい。

翌朝、私とSさんは出勤するため、桜庭さんがまだ寝ているうちに家を出た。泊めてくれた御礼の手紙を置き、廊下の雪崩れた本を積み直して。平積みが崩れていると直したくなるのは、書店員のサガである。

このときの桜庭さん側の記録は、読書日記第五弾『本のおかわりもう一冊』で読むことができる（ちなみに巻末対談の、書店員K出というのは私である）。

日記によれば、桜庭さんは当時、本の執筆やゲラとの格闘など複数の仕事をこなしており、そのうちのひとつが『GOSICKⅧ―ゴシック・神々の黄昏―』の執筆だった。

「GOSICK」シリーズは桜庭さんの人気作だ。ソヴュール王国にある寄宿学校・聖マルグリット学園へ留学した久城一弥《くじょうかずや》と、学園の図書館塔に住む美少女ヴィクトリカが、様々な事件に遭遇する。このヴィクトリカ、実は類《たぐい》まれなる頭脳の持ち主で、一弥が外から持ち込む謎を、図書館塔のてっぺんに居ながらたちまち解決してしまうのだ。

口の悪い美少女名探偵と、真面目《まじめ》な助手役少年による、一話完結の探偵冒険小説……だと思っていると、巻を追うごとに事件が繋《つな》がり、不穏な背景が立ち上がってくる。ヴィクトリカの血筋、出生の秘密、そして第二次世界大戦を見据えた国家のはかりごと。

上下巻組の『GOSICKⅧ―ゴシック・神々の黄昏―』は、このシリーズの最終巻だった。何しろ最終巻だから内容をこまかく紹介するわけにはいかないけれど、第二次世界大戦が勃発し、ヴィクトリカも一弥も、作中の誰も彼もが、理不尽に日常を壊され、嵐の前に無力であった話だ。けれど決して諦めなかった、希望の話でもある。

現実世界が、実際に大混乱に陥っている中で、『GOSICK』の最終巻は書かれたのだ。

三月十二日。紀伊國屋《きのくにや》書店新宿本店はいつもより一時間遅れで、一、二階限定で開店した。シャッター前には人だかりがしていた。若手の男性社員が、「なぜ時間通りに開けないのか」と怒鳴《どな》り散らすおじさんの相手をして、ダメージを食らっていた。二階の窓ガラスにはヒビが入っていた。七階や八階の売場は、棚から落ちた本で通路が埋まった。少し日が経《た》つと、今度は原発事故の影響で節電が合言葉になり、店内の明かりも半分になった。緊急地震速報が日に何度も鳴り、戦争中の空襲警報もこんな感じだったのかもしれない、と思ったりした。

ずっと緊張して、ニュースに釘《くぎ》付けで、私はとても本を読む気になれなかった。人の命や生活が奪われていく状況では、本は二の次、三の次だ。こんなにも打ちのめされる出来事の後で、人は創作である小説を読もうなんて思うだろうか。文芸書担当として、実は結構、先行きを悲観していた。

つらいときは本に支えてもらうという人もいると思うけれど、私は、気力と体力がないと本は読めない。だから、日常が少しずつ立て直され、ふと小説にも手が伸びたとき、「あ、戻ってきた」と思った。私の世界はなんだか、しれっと回復していた。

二〇一一年の終わりに振り返ってみれば、年間ベストセラー（トーハン調べ）の一位には本屋大賞の小説が輝き（『謎解きはディナーのあとで』である）、ダイエット料理本や、自己啓発、マネジメント本など、例年と傾向の変わらない本が並んでいた。文庫のベストセラーは小説一色だ。物語が読まれなくなるかも、というのはさすがに杞憂《きゆう》だったらしい。

二〇二〇年、今度は疫病の大流行で、人々の生活が窮屈なことになっている。不安と緊張がいつまで続くのか、まったく先が見えない。でも、震災からも大戦からも世の中はそれなりに回復してきたので、今回もそうなってほしいと願っている。

そういえば、疫病によってあらゆる経済活動が大打撃を受ける中、書店や出版社はどうなのかと話を聞くと、皆一様に「思ったより売れている」と言った。

「出掛けられないから、じゃあ本でも読むかっていう人が、結構いたみたい」

この状況下で、自分のために本を選んだ人が結構いたということに、私は元書店員として、何だか少しホッとしてしまった。

『1Q84』最速の一日

『1Q84 BOOK1～3』
村上春樹
新潮社
（2009年5月BOOK1・2、2010年4月BOOK3単行本、
2012年4～6月文庫　発売）
※書影は単行本BOOK1

今回は文字通り、めちゃくちゃ売れた本の話をしようと思う。

村上春樹《むらかみはるき》、である。

村上さんはもともとファンが多く、よく売れる作家ではあるのだけれど、あまりの勢いに呆《ぼう》然《ぜん》としたのが二〇〇九年五月二十九日、『1Q84』BOOK1とBOOK2の発売日のことだった。何しろ仕入課の倉庫に積まれていた在庫タワーが、一日で溶けて消えた。

『1Q84』が店に入荷したのは、発売日の一日か二日前だったと思う。本には、発売日を守って店に出す約束になっているもの（発売協定品）と、入荷後すぐ店に出して構わないものがある。『1Q84』は後者だったので、早速店に並べた。すぐに複数のお客さんが手に取って、レジへ向かっていった。

『1Q84』には、主人公が二人いる。一人は、表でスポーツインストラクターをしながら、裏ではDVに悩む女性のためにその夫を始末している、殺し屋の女性「青豆《あおまめ》」。もう一人は、予備校の講師をしながら作家を目指す男性「天吾《てんご》」だ。天吾はひょんなことから、少女「ふかえり」が書いた小説『空気さなぎ』をリライトすることになる。

青豆と天吾の物語は最初、別のものとして交互に語られていく。ところが、二人はそれぞれの理由で、カルト宗教団体「さきがけ」に目をつけられてしまう。そして、いつの間にか現実とよく似た別世界へ迷い込んでいることに気づくのだ。そこは『空気さなぎ』を思わせる、月が二つある世界だった。

不思議な話だ。ファンタジーであり、サスペンスであり、ラブストーリーでもある。春樹ファンである同僚からは、「村上春樹の要素てんこもりで、初心者に薦《すす》めやすいよ」と熱く語られた。なるほど、確かに。私も、サスペンス小説を読むような気持ちで読んだ。間口の広い作品だと思う。

このような作品内容は、『1Q84』の場合、発売されるまで一切明かされなかった。映画に予告編があるように、小説だって大抵は発売前に、どんな話なのか少しは明かされているものだ。でなければ、興味を持ってもらえない。実際、今回と同じ新潮社から二〇〇二年に『海辺のカフカ』が出たときは、書評家や書店などにバウンドプルーフ（販促用見本誌）が配られるなど、内容を明かしながら積極的に宣伝していたのだ。

ところが『1Q84』では、あえて情報を出さずに期待感だけ高めるという作戦が取られた。特設サイトにも、書店に張り出されたポスターにも、ただタイトルと発売日と「Q」の文字が書かれているだけ。タイトルからして、ジョージ・オーウェルの『1984年』と関係がありそうだけれど、それも単なる予想でしかないのだ。村上ファンも、書店員も、やきもきしながら発売を待つはめになった。まんまと新潮社の策にはまったのである。

この渇望感と期待に押されて、『1Q84』は入荷初日から好調な滑り出しを見せた。何しろ「村上春樹の新刊」だから、売れるのは想定内。日本文学の棚も新刊の棚も私の担当外だったし、「このペースなら、週明けに追加数判断かなー」などと、私は呑気《のんき》にデータだけ眺めていた。

ところが、公式発売日の二十九日、『1Q84』は開店時から異様な売れ方を始めた。発売日だからか？　それにしてもこの急激な跳ね方はちょっとおかしい。なんだろうと思っていたら、会計をしていたお客さんが、「NHKでやってたよ」と教えてくれた。

NHKの、朝のニュースで、本の発売がお知らせされただと……？

確かに情報を一切出さない宣伝や桁外れの予約数などで、発売前から注目はされていた。だから、身近な話題のひとつとして取り上げたのかもしれない。

でも、テレビの影響力というのは強烈なのだ。今はツイッターやYouTubeなどウェブの情報を頼りにする人も多いけれど、当時まだそれらは黎明期。不特定多数に届く情報発信といえば、やっぱりテレビが最強だった。「NHKで紹介するような話題作なら、読んでみようと思って」というお客様の声を、何度も聞いた。普段滅多に本を読まない人たちが、こぞって書店にやって来たのだ。『1Q84』のBOOK1とBOOK2はセットで買われ、店の入口近くやレジ前など、あちこちに広げて積み上げていた本の山は、みるみるうちに低くなった。夕方にはさらに加速し、売場の皆が交代で補充しても間に合わなくなってきた。

それだけの売れっぷりということは、レジの混雑だって尋常じゃない。私はレジから見える棚が気になって（確か担当者が不在の日だった）、少しでも抜け出せないかと隙《すき》を窺《うかが》っていたのだけれど、フル回転で対応をしても、会計待ちの列は一向に短くならなかった。

「課長、棚が！　棚がカラになる！」

「よし、ここは俺たちが引き受ける。おまえだけでも外へ出るんだ！」

わあ。映画やドラマで聞くセリフだ、それ。

上司や同僚に逃がしてもらった後は、地下の仕入課と売場をひたすら行ったり来たりだ。台車で本を運び、棚を埋め、仕入課まで本を取りに行って戻ってきたときには、さっき山積みにしたはずの場所がまたカラッカラの更地になっている。積んでも積んでもキリがなくて、目の前にちょっと賽《さい》の河原のマボロシが見えた。

本がまだまだよく売れていた昭和の頃、荷を運ぶ台車にまでお客さんが群がるので、諦めて台車のまま棚横に置いてきたという大胆な先輩の話を聞いたことがある。そのときもきっと、こんな状態だったんだろう。

結局『1Q84』は、閉店までもたなかった。仕入課にあったBOOK1とBOOK2の在庫タワーは、跡形もなく消えてしまった。

タワーがあった分マシだったじゃないかと言われれば、まあその通り。大型書店チェーンの本店として、強力な新刊が出るときは「支店のフォローにまわせる分」も考慮して発注するのが常なので、『1Q84』も相応の数が入荷していた。でも、こんな勢いで売れると、支店フォローどころじゃなかった。

その後、『1Q84』は重版に重版を重ねて、延々と売れ続けた。解説本が出版され、村上さんの既刊本にも重版がかかり、オーウェルの『1984年』も売れた。作中に繰り返し登場するヤナーチェクの『シンフォニエッタ』にも注目が集まり、文学書売場でオーケストラCDまでが売れたのだ。

二冊で完結と言われていた『1Q84』は、BOOK3が執筆され、翌年の四月十六日に発売された。今度は発売日が厳格に取り決められていたので、深夜営業の書店では、日付が変わる零時を待って販売を開始したようだ。一刻も早く読みたいファンが深夜の書店に並び、カウントダウンイベントがあり、テレビ局が早読みできる人を雇って朝までに読破させた、なんて噂《うわさ》も聞いた。『1Q84』はまさに、社会現象だった。

売れて売れて困るなんてのは、書店員として最高に楽しい状態だと思う。脳内麻薬が出まくって、謎の「やってやった感」でいっぱいになる。

私はその最高の状態を、『1Q84』の発売日に、ど真ん中で経験した。たまたま当日そこにいたというだけなのだが、実際に自分の手足をフル回転させた記憶は鮮烈だ。本屋の果実の、一番美味《おい》しいところを囓《かじ》った記憶である。

ヨハネスブルグで電子書籍

世界を一周したいと言って、本社の若人《わこうど》S君が会社を辞めた。確か二〇一二年くらいのことだ。旅をしながら、その土地に住む人々の暮らしを見せてもらって、「日常」をレポートするつもりだという。S君は友人とともに、スーツ＆眼鏡《めがね》という、彼らなりの「日本人の日常」スタイルで出掛けて行った。いいぞいいぞ。面白そうじゃないか。私は彼らのメールマガジンを購読することにした。

彼らのレポートは頻繁に届いた。旅先で出会った人のインタビューや、住まいの間取り、インテリアの写真などで構成された記事が、ツイッターやブログも併用して次々と更新された。

やがてS君は南アフリカへ渡り、ヨハネスブルグに入る。二〇一三年七月、「ポンテタワー」

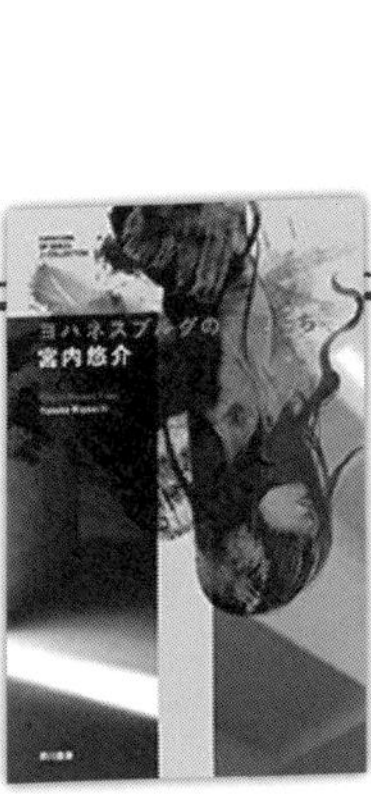

『ヨハネスブルグの天使たち』
宮内悠介
早川書房
（2013年5月単行本、2015年8月文庫　発売）

の住人に会いに行くという記事を読んだとき、私は思わず「わあ！」と叫んでいた。ちょうどその頃、私が全身全霊でドはまりしていたSF小説の舞台がヨハネスブルグで、ポンテタワーは、作中に登場する重要な場所のモデルだった。

遠くにいるはずのS君が、ふいに目の前を横切ったような気分だった。

このSF小説が『ヨハネスブルグの天使たち』、宮内悠介《みやうちゆうすけ》さんの二冊目の短編集である。デビュー作『盤上《ばんじょう》の夜』がとても好きだったので、今作も発売されてすぐ読み始めたら、三ページくらい進んだところでうまく息ができなくなってしまった。良すぎて、興奮して、心臓がついてこない。短編ひとつ読むごとに本を閉じ、外を歩き回ってクールダウンしなくてはならなかった。こんな読み方を強《し》いられる本に出会うことは、滅多にない。私はその後しばらく、『ヨハネスブルグの天使たち』がいかに素敵かを暑苦しく語り続ける人になった。

物語は五つ収録されている。最初が表題作「ヨハネスブルグの天使たち」だ。戦災孤児のスティーブとシェリルは、ヨハネスブルグに建つ円筒形のビル、マディバ・タワーに住んでいる。このビルはかつて日本企業が買い取り、DX9というホビーロボットの落下耐久試験に使っていた。管理する者がいなくなった今も、DX9は毎日決まった時間にタワーの中を落ち続けている。そのうちの一体と毎日目が合うことに、スティーブは気づいた。

このDX9というロボットたちが、五つの短編の鍵になる。愛玩用に開発された歌う少女型ロボットは、廉価《れんか》で簡易なシステムとして、世界中で様々に「活用」されていた。例えば大掛かりなイベントの人形として。耐久力のある兵器として。人格を保存する入れ物として。ネットワーク上の依代《よりしろ》として。

二つ目の短編「ロワーサイドの幽霊たち」では、ある事件を再現するためにDX9が駆り出された。終盤に、手向《たむ》けの花束を投げるような一節があって、ハッとした。「ジャラババードの兵士たち」は、紛争地で起きた殺人事件を、旅の若者と護衛の米兵が探る話だ。この二人がなかなか良いコンビで、読んでいてつい情が移る。別の紛争地を舞台にした「ハドラマウトの道化たち」の、奇妙な明るさも面白い。一転、「北東京の子供たち」はずっと薄闇の中にいるような物語で、でも澱《おり》のような諦観の底に、ささやかな抵抗が瞬くのがいい。全編通して、人が肯定されていた。どうか少しでも良き世界を、良き人生をと、祈るような本だった。

先述の、世界を旅するS君がヨハネスブルグに入ったのは、私がこうして『ヨハネスブルグの天使たち』にノックアウトされて、熱にうかされたようになっていたときだった。なんという巡り合わせ！　と勝手に感動して、私はS君にメッセージを送った。今、熱愛している小説が、ポンテ・タワーらしき場所を舞台にしたSFであること。大注目の作品だから、機会があったらぜひ読んでみてほしいこと。

紹介ありがとうございます、と彼は律儀に返信をくれた。でも、南アフリカで日本語書籍の新刊を手に入れるのは難しいだろう。帰国したときまで覚えていてくれたらいいな、程度に思っていた。

ところが一日二日後に、すぐ連絡が来た。
「読みました」
「えっ、どうやって」
「電子書籍ダウンロードしたんです。面白かったですよ」
電子書籍！　そうか、その手があったか。

日本国内の電子書籍市場は、二〇一〇年、急に賑《にぎ》やかになった。電子書籍元年、とも言われている。iPadや、複数の電子書籍リーダーが発売され、配信サイトがいくつもオープンした。電子書籍の可能性を語る人が増え、紙の本はいずれ電子書籍に置き換わるなんて、前のめりな意見も飛び交っていた。

紙の本を売る書店もボーッとしてはいられない。私が勤めていた書店では、独自の電子書籍アプリ開発が進んでいたし、店頭には電子書籍リーダーを販売するコーナーが設置された。一方で、装丁の美しい本フェアを開催するなど、紙の本の良さを改めてアピールする動きも盛んにあった。皆があれこれ試してみては、良い方向を探して沸き立った年だった。

『ヨハネスブルグの天使たち』はこの三年後、二〇一三年五月に発売された。電子書籍版の配信は六月からだ。

三年の間に電子書籍はどうなったかというと、実はあまり浸透していないように見えた。私の場合、紙の本を売る現場にいて、周囲にも紙の本を愛する人たちが多かったから、なおさらそう感じたのだと思う。自分でも電子書籍を買ってみたりしたけれど、どこか「新しい特別なもの」という意識が抜けなかった。

そんなときに、異国を旅するS君が、当たり前に使ってみせたのだ。私は彼がドン引きするくらい感激してしまった。ああ、もうとっくに身近なものとして、便利に使いこなしている人がいる。しかもヨハネスブルグで読む『ヨハネスブルグの天使たち』だなんて、なんという羨ましいことを！

パソコンや携帯で文章を読むのが当たり前になっている世の中で、電子書籍だけが受け入れられないわけがない。

漫画や官能小説がメインだった初期の電子書籍ランキングに、ビジネスや自己啓発、ＩＴ関連の本が食い込み始めたのはいつ頃だったろう。テレビやネットで話題になった小説や人文科学書が、紙の本のランキングと同じように、電子書籍の上位に躍《おど》り出てくるようになったのは。正確な時期が思い出せない。でも、日常の読書手段として、最初に電子書籍を選ぶ人が増えた証だった。

今やWEB発のライトノベルなど、電子版のみが発売される本も少なくない。紙の本だけで電子版が出ないことも多かった初期の頃とは正反対だ。

私はというと、書店を辞めた後、本を買う割合はぐっと電子書籍寄りになった。紙の本ももちろん買う。でも、思いついたときに夜中でもポチッと買えてしまう電子書籍は、想像以上に便利だ。自分の読みやすい大きさに文字表示を変えられるのも、視力の衰えるお年頃としてはありがたい。すっかり手放せない手段になった。

それにしても、本をダウンロードして機械で読むなんて、私が子供の頃にはＳＦ映画や漫画の中でしかあり得ないことだった。まさか、こんなに当たり前の技術になるとは。

かつてのＳＦが、今や私たちの日常なのだ。

狙《そ》撃《げき》犯はカーテンの向こう

私は、自分の店の狙撃ポイントを知っていた。

アメリカ大使館によって洗い出された、正確無比なポイントである。書店員たるもの、この手の情報は常に頭に入れて自店の安全確保に努めねばならない。そう、来月の給料は三割増しにしてスイス銀行に振り込んでもらおうか。

態度だけがゴルゴな女、というツッコミは華麗に聞き流して話を進める。書店に勤めている人が体験しがちな「書店あるある話」とは反対に、その店ならではの特殊エピソードが、どこの書店にもあるだろう。私が狙撃ポイントを知ったのも、その特殊体験によるものだった。

二〇〇五年二月、アメリカ元大統領ビル・クリントン氏が来日して、店でサイン会が行われ

『マイライフ　クリントンの回想
上・下』
ビル・クリントン
朝日新聞社
（2004年9月単行本　発売）
※書影は上巻

たのである。

サイン会の対象書籍は『マイライフ』、クリントン氏自身が、自らの半生を綴《つづ》った回想録である。氏は一九四六年八月十九日、アーカンソー州ホープに生まれた。十代のうちに政治に興味を持ち、ジョージタウン大学の外交学部へ進む。やがてアーカンソー州知事等を経て、一九九三年一月、第四十二代大統領に就任。二期八年にわたって大統領職を務めた。

あらゆることがクリントン氏個人の目を通して語られるので、人間関係のエピソードがとても多い。政治も選挙も、内側から覗《のぞ》いているような面白さだ。さらに、ベトナム戦争やキング牧師暗殺などの歴史的な出来事もリアルタイムの体験として書かれていて、『マイライフ』は一個人の半生記であると同時に、二十世紀後半のアメリカ物語でもあるのだった。

クリントン氏のサイン会が決まると、まず警備員が特別手配された。出版社が手配したチームと、店側で手配したチームに、アメリカ大使館の護衛プロ集団が加わる。大所帯である。事前の打ち合わせは、現地確認も兼ねて店で行われた。私がいた店は著名人のサイン会や講演会をよく行っていたけれど、こんなに大掛かりな準備をするのは初めてだった。

打ち合わせの日、私は外売りのレジにいた（店の正面にちょっとした広場があって、書籍の販売台が屋台のように並んでいるのである）。ボーッと通りを眺めていると、いきなり黒塗りの高級車が横付けされ、金髪の迫力美人と、分厚い身体《からだ》をダークスーツに包んだ男性二名が、ババンと降り立ってきた。

「ハァイ」

美人様がにこやかに手を上げる。一瞬、視界がハリウッドになる。動揺して曖昧な日本人スマイルを返している間に、一行は店長に迎えられて、ゾロゾロと移動して行く。

彼らの打ち合わせと店内チェックが終わった後、私は階段で妙なものを見つけた。壁面の配管ボックスの鉄扉に紙封がしてあって、そこに誰かのハンコが捺《お》してあるのだ。悪戯《いたずら》ではなさそうだけど……と思いながら管理職に報告すると、「中に爆弾を仕掛けられてないかチェックした印」だと教えられた。

やだちょっと！　そういう話、大好物！　もっと何かないの⁉

食いつく私に手を焼いて、上司はしばらく迷った後、ひとつだけ、と切り出した。

「ボブ・サップみたいな黒人の護衛官いただろ。あの人が店内まわったんだけどさ。サイン会会場になる社員休憩室入って、部屋中見回したなーと思ったら、スッ……と窓を指差して、『カーテンが薄い』と」

「は？」

「薄いカーテンは人影が透けるじゃん。道路の向こう側から狙撃できるから駄目だって。向かいのカラオケボックスが、ジャストなシューティングポイントらしいよ」

シューティングポイント！　うひょー！

イベント会場に使った社員休憩室は、ビルの最上階にあった。大通りを挟んだ向かいにはカラオケ店があり、個室の窓がちょうどこちら側を向いている。あそこに凄腕《すごうで》のスナイパーがいて、カーテン越しの人影をライフルで撃ったら、間違いなく当たるということだ。ワクワク……いや、してる場合じゃない。

そんなわけで、カーテンは至急厚地のものに掛け替えられることになった。狙撃を防ぐに十分だったかは謎だけれど、休憩室は少しだけ綺麗《きれい》になった。

サイン会当日は、本社から偉い人たちが続々とやって来た。売場からも、英語を喋《しゃべ》れるスタッフが複数借り出されていく。男女ともスーツ姿で、関係者だとわかるように、首からＩＤカードを下げていた。見知った顔ぶれが、インカムをつけた異国のダンディと、何やら英語で打ち合わせている。ああ、かっこいい。私も交ざりたい。しかし本日の私に特殊任務の依頼はなく、いつも通りに売場のレジ担当である。

サイン会の会場フロアに入れるのは、関係者と、整理券を持った参加者のみに限定された。参加者はひとつ下の階で本以外の荷物を全部預け、ボディチェックを受ける。面倒がられるかなと思いながら、整理券引き渡し時にレジで説明すると、皆、案外嬉《うれ》しそうだった。

「ボディチェック、するんですね。フフ。いいですよ。もちろん協力しますよ。フフフ……」

フフフフフ。物々しいとテンション上がるタイプですね、お客さん。ワカルワカル。

順調に進んだサイン会だったけれど、ひとつ困ったことが起きた。順調すぎて、予定より早く終わってしまったのである。

整理券は事前予約で満員御礼だった。その上、手荷物預かり等、普段はやらない手順が加わるので、運営チームは予定が押さないよう、一人当たりの時間を多めに計算していたらしい。ところが、クリントン氏のサインがめちゃくちゃ速かった。数多《あまた》の書類にサインし続けてきた人なのだから、当然かもしれない。また、話し込んで時間を取るような参加者もいなかった。「通訳いたから、英語できなくても平気だったんだけどさ。何しろ部屋中にSPやカメラマンや会社役員なんかがいるわけよ。おじさんたちに注目されたまま、話続けづらいって」

とは、会場にいた管理職の談である。なるほど。それはまあ、仕方がない。

会場がヒマになって、店の偉い人たちは猛烈に焦《あせ》った。で、急遽《きゆうきよ》「追加でご参加いただけます」の店内放送を流した。売場への連絡を後回しにして。

『マイライフ』は一冊約八〇〇ページ、上下巻合わせると九センチの厚みになる本だ。売場では保管しきれず、当日必要な分以外は仕入課に預け中だった。整理券の当日追加はなしと言われていたから、そのつもりで数を読んでいたのだ。急に「今の放送聞いたんだけど」とお客さんに集まられて、今度は売場が焦った。

そして私は、「整理券ないけど入りたい」と言い張る人と、長時間戦ってやっとお引き取りいただいたところだった。追加可能って……マジか……。

気力と体力が吹っ飛んで、このあたりからの記憶がない。気がついたらサイン会は終了していて、クリントン氏は狙撃されることも爆発に巻き込まれることもなく、無事に店を去っていた。

他ではあまり体験しない、特殊エピソード満載のサイン会だった。書店員時代の思い出を問われると、私はついこの話を挙げてしまうのである。

ちなみに社員休憩室だった場所は、後にイベント専用スペースとして改装された。でも、通りに面した窓はそのままだし、向かい側のカラオケ店も健在である。あそこでサイン会をする作家の皆様は、どうか狙撃には十分ご注意を。

頭から尻尾《しっぽ》まで！芥川賞と直木賞

『ホテルローヤル』
桜木紫乃
集英社
（2013年1月単行本、2015年6月文庫　発売）

文学書売場には毎年二回、ざぶーんとやってくる大波がある。一月と七月に発表される、芥川賞・直木賞である。

長く続いている大きな文学賞で、選考会の前月（つまり十二月と六月）には候補者が発表され、テレビや新聞でニュースになる。ニュースになると「おや、ちょっと読んでみようか」という人が増えるし、受賞作が決まった後は当然派手に売れる。本屋にとっても大事な、商売繁盛の賞だ。

芥川賞は雑誌に発表された新進作家の純文学短編、中編が対象なので、候補になったときにはまだ書籍化されていないことが多い。対する直木賞は、単行本としてすでに刊行されている大衆文学の長編や、短編集から選ばれる。

本があるなら確保しなくてはならない……が、まあ、そうは問屋が卸《おろ》さない（文字通り）。何しろ候補作は全国から注文が殺到する。出版社も取次《とりつぎ》も、これにすべて応える在庫は持っていない。重版しても、刷り上がって行き渡る頃には受賞作が決まっているだろうから、出版社側は慎重になる。

でも、「候補作が発表されてから選考会までの間」というこの時期が、一番まんべんなく候補作が売れるのだ。書店としては今すぐ本を並べたい。出荷調整だの重版検討中だの出来日《しゅったいび》未定だの言われると、つい「あァン？」と目が据《す》わってしまうのである。

まあ、本を確保しづらくなるタイミングというのは経験でわかっているので、一応こちらも事前に網を張る。何度も候補になる作家、書評が出やすい作家、本読みの間で評価が高い新刊などは、動きが止まっても、候補が発表されるまで返品しない。アヤシイ本は、通常の追加にちょっと上乗せして、在庫を多めにしておく。

そうやって抱え込むから流通しないんじゃ……と怒られそうだが、私がいた店は、個人顧客の取り置きや配送サービスを行うWEB部門や、大学や図書館と取引をする営業部門の注文に応える役割もあって、棚の分だけ発注というわけにはいかなかった。そうやって在庫を確保し、他部署の依頼に応じたり応じなかったりしながら、選考会の日を待つのである。

予想の網を張っていると、時にはど真ん中で大物を捕らえることがある。「この作品は絶対賞を取る」とか「この人は近いうちに直木賞作家になる」と、候補作が決まるよりずっと前に抱いた思いが的中する場合だ。

たとえば、私にとっては桜木紫乃《さくらぎしの》さんの『ホテルローヤル』が、そういう一冊だった。

桜木さんの作品に出会ったのは、サスペンス小説として紹介されていた『硝子《がらす》の葦《あし》』が最初だった。既刊をすべて読み、一気に惚《ほ》れ込んだ。「この人絶対直木賞取るよ」と熱に浮かされて言いまくっているうちに、『ラブレス』が第一四六回直木賞候補になる。以降、新刊が出るたびに「上手《うま》い……」と唸《うな》り、既刊含めて特設コーナーなど作ってぎゅうぎゅう推《お》していた二〇一三年、『ホテルローヤル』が第一四九回の直木賞を受賞したのだ。

ほらね。ほーらーね？　取るって言ったでしょ？（ドヤ顔）これだけ上手い人が、取らないわけがない。

『ホテルローヤル』は、釧路《くしろ》湿原が見える場所に建てられたラブホテルの名前だ。ここを舞台に七つの短編が綴《つづ》られている。登場人物は作品ごとに違う。恋人から素人《しろうと》投稿写真のヌードモデルを頼まれたスーパーの事務員。十歳年下の働かない夫と暮らすホテル清掃の六十歳の女性。妻の不倫に苦しむ高校教師は帰る家をなくした女子高生に懐かれ、寂《さび》れた寺の住職の妻は、お布施と引き換えに檀家《だんか》と身体《からだ》を重ねる。それぞれ独立した短編を読んでいくと、実はホテルの廃業から開業へと時間が遡《さかのぼ》っていることがわかる。

どの作品も派手な出来事は起こらない。ただ普通の人の順風満帆ではない生活が、淡々と描かれる。ふと自分の立つ場所に気づき、いつの間にここへ来ていたのだろうと困惑する人々の姿だ。だからといってやり直せるわけでもなく、そのまま歩いて行くしかない。そういう人たちの溜息《ためいき》や自嘲、結末の見えている希望を、「生きてるといろいろあるよね」と酒場の隅で聞くような心持ちになる。

直木賞の後、「上手いよなあこの人。俺、ハマっちゃってさ」と、レジで語るお客さんの声を何回か聞いた。こういう反応が出ることは、あまりない。桜木さんの作品は、どれも地面に近くて、人肌ほどに湿っている。昭和歌謡やブルースのようだ。

作品はしみじみしているのだけれど、作家ご本人はというと、これが妙に面白い姐《ねえ》さんなのである。選考会当日、会見の場にタミヤのロゴTシャツを着てあらわれた姿を覚えている人もいるだろう。

昔は、出版社から知らせが来るまで結果を知る術《すべ》はなかった。でも今は、報道陣が待機している記者会見場からWEB中継がある。店でも当然、売場のバックヤードで配信を見守った。第一四九回の芥川賞は、藤野可織《ふじのかおり》さんの『爪と目』だった。文芸誌「新潮」に掲載されていた短編で、受賞をうけて単行本の発売予定が前倒しになった。そして直木賞、『ホテルローヤル』である。バンザイ！　と叫んだ直後、画面に登場した桜木さんの姿を見て腰が砕けた。なぜタミヤTシャツ。しかもその理由を記者から問われて、ゴールデンボンバーへの愛を語り出している。

ラブホテルが舞台の作品で、作者もラブホテル経営者の娘。受賞会見ではタミTにゴールデンボンバーである。楚々《そそ》と笑う藤野さんと並ぶと、桜木さんがあまりに面白すぎる。作品が優れていることとは別に、人の興味を惹《ひ》くか否かも、売上を大きく左右する。桜木さんのキャラとメディア露出のおかげで、『ホテルローヤル』はものすごい売れ方をした。歴代直木賞受賞作の中でも屈指の売上だった。

受賞作が決まった後、書店によってはもうひとつ闘いがある。受賞作家のサイン会である。我こそはという書店がこぞって手を挙げ、「うちで開催してね」と出版社に言い寄るのだ。こういうとき、前々から応援して売り伸ばしていた実績があると強みになる。桜木さんのサイン会も、藤野さんのサイン会も、どちらも私がいた店で開催してもらえることになった。満員御礼でありがたいことだった。

本屋としての芥川賞・直木賞はここでひと山を越えるが、受賞作家はここからが大忙しだ。一ヶ月後には贈呈式もある。第一四九回は、私もお呼ばれした。

会場は、改装前の東京會舘《とうきょうかいかん》だった。藤野さんは愛らしいミニのワンピース、桜木さんは粋な和装で壇上にいた。場に圧倒されて呆然《ぼうぜん》としているうちに、式は滞りなく進む。さらに桜木さんのお祝いをする二次会へ誘われて、書店員仲間と二人で参加した。

なぜかドレスコードがあった。編集者限定の。確か女性はチャイナドレス、男性はサングラス着用……だった気がする。そこへ和装の桜木姐さんがあらわれて、「みんな、今日はありがと」と鷹揚《おうよう》に頷《うなず》くのである。完全に極妻《ごくつま》ビジュアルだ。こんなときもまたネタに走る人なのだった。

受賞者が波頭《なみがしら》でジャンプしている間に、水面下ではもう次の波が生まれ始めている。昔より大人しくなったなどと言われるけれど、ざぶーん、ざぶーんと半年ごとに押し寄せる芥川賞・直木賞の波は、今でも売場を大いに沸かせるのである。

ハリー・ポッターと買い切りの掟《おきて》

そういえば世界は滅びなかったなあと、ノストラダムスの予言を思い返していた一九九九年十二月のことである。ぼけーっとレジに突っ立っていると、売場の上司や仕入課の管理職がドヤドヤとやって来て、目の前で販売ワゴンをふたつカラにし始めた。すぐに代わりの本が積み上げられ、視界が紺一色になる。

「何ですかそれ。児童書?」

「イギリスでバカ売れしてるらしいよ。ものすごいんだって」

「へーえ。でもイギリスで売れてるからって、日本で同じように売れますかねえ」

半端にわかった風なことを言った私は、ひと月しないうちに「スイマセンでしたー!」と天

『ハリー・ポッターと賢者の石』
J.K. ローリング
静山社
(1999 年 12 月単行本、2012 年文庫　発売)

に向かって叫ぶハメになった。

この本こそが『ハリー・ポッターと賢者の石』、全世界を熱狂させたモンスター級ベストセラーシリーズの、一作目だったのである。

『ハリー・ポッターと賢者の石』では、ハリーが魔法学校に入学することになったいきさつと、ある強大な敵との戦いが描かれる。

両親を亡くし、おじの家で虐《しいた》げられながら暮らしていたハリーの元へ、十一歳の誕生日に魔法学校の入学許可証が届いた。実は彼の両親は高名な魔法使いで、ハリーにも魔法の才能があるという。導かれるままホグワーツ魔法学校に入学したハリーは、ロンやハーマイオニーという友人を得て、新しい生活を謳歌《おうか》する。だがそんな中、魔法薬学教師スネイプの、不審な行動に気づいてしまった。スネイプの狙いを阻止しようと、必死になるハリーたち。やがて明らかになった真相は、ハリー自身にも深く関わることだった。

いやもう、実に盛りだくさんで楽しい話だ。ちりばめられたエピソードを、きちんと拾い集めながら進んでいくストーリーも良いし、魔法や学校生活についての細かい設定もワクワクする。寮を決める組分け帽子、空飛ぶ箒《ほうき》と球技クィディッチ、チョコ味からハナクソ味まで何でもありの百味ビーンズ……子供の頃に空想したようなことが、さらに強力に、大ボリュームで差し出されているのだ。そりゃ子供も大人もトリコになるわけだ。

この本を日本で出版したのは、静山社《せいざんしゃ》という小さな出版社である。社長一人で運営していて（当時）、文芸書は一度も出したことがないという会社が、なみいる大手出版社を制して翻訳権を勝ち取ったというので、出版業界は発売前からざわついていたらしい。

全国出版協会の記事によれば、『ハリー・ポッターと賢者の石』は初版部数二万七千部。それが一ヶ月で十倍以上に伸びたという。爆発的すぎて重版がまったく追いつかず、当時あちこちで悲鳴が上がっていた。

私が勤めていた店は、こういう、全国で取り合いになるような本の仕入れにはめっぽう強かった。売り切れることもあったけれど、追加はちゃんと入ってきていた。だから、「ハリー・ポッターがバカ売れする」現場を見ていたし、全国的にそうだと思っていたのだ。

この件については、忘れられない出来事がある。

何かの飲み会で、他書店の人たちと交流する機会があった。「今何が売れているか」という定番の話題になり、私は迷いなく「ハリー・ポッター」を挙げた。そちらのお店もそうでしょう？　と、当たり障《さわ》りなく共有できる話題を振ったつもりで。けれど、相手の方はそこでピタリと口をつぐみ、うつむいてしまった。

本がないのだ。売れるのは百も承知、でも、何度注文しても満足に追加が入ってこない。毎日悔しい思いをしているところへ、私がポヤポヤと無邪気な同意を求めてしまったわけだ。

互いに責めるのも謝るのも変な話なので、その場は何となく流れたけれど、私には強い印象の残る出来事だった。私は恵まれた場所で、恵まれた仕事をしているのだと、これを当然と思って油断してはいけないと、肝に銘じた。「ハリー・ポッター」の思い出をたぐるとき、このときの記憶が必ず一緒に浮かび上がる。

話を戻そう。「ハリー・ポッター」シリーズはその後、一、二年に一冊のペースで発売された。『ハリー・ポッターと秘密の部屋』が、二〇〇〇年発売で初版十六万部。『ハリー・ポッターとアズカバンの囚人《しゅうじん》』は、二〇〇一年発売で初版八十万部である。それでもまだ、あちこちで「足りない」という悲鳴が上がっていた。

もっとじゃんじゃん刷ればいいのにと、当時の私は思っていた。でも、「そう簡単じゃないんだよ」と、当時の先輩社員は首を振った。「本って、返品できちゃうからさ」

ちょっと専門的な話をすると、日本の書籍の多くは「委託」で販売されている。「書店は出版社から本を預かって売る。売れたらその分だけ出版社に代金を納め、残りの本は返品する」という方法だ。返品された本は綺麗《きれい》に整えて、また別の書店に出荷される。このサイクルがスムーズに回っているうちはいいけれど、本の売れ行きが落ち着いて返品の方が増えてくると、その重さがずっしりと出版社にのしかかる。

「在庫を管理する人や場所の確保も必要だからね。単純に、売れてウハウハじゃないと思うよ」

なるほど、と先輩の説明を聞いて納得していたら、四巻目『ハリー・ポッターと炎のゴブレット（上・下）』から販売方法が変更になった。「買い切り」、というやつである。

おおぅ。この超絶ベストセラーで、それやる⁉

買い切りは、書店が本を仕入れるとき、出版社から「預かる」のではなく「全部買い取ってしまう」方法だ。返品は不可。専門書や限定品などがこのやり方で流通することはよくあるけれど、「ハリー・ポッター」みたいなビッグタイトルでやるのは聞いたことがなかった。

マージーかー。

買い切りと言われると、書店員は基本、慎重になる。仕入数も大抵控えめになる。でも今回は「ハリー・ポッター」だ。世界規模の大ベストセラー相手に、腰の引けた勝負はできない。加えて、四巻はシリーズ初の二冊組で、いつもより値段が高いときた。日本全国津々浦々で、書店員は頭を抱えたに違いない。私が勤めていた店でも、仕入課の大ボスが連日熊みたいに唸《うな》っていた。

ただ、販売条件を変えるのと一緒に、初版部数も大幅に変わった。『ハリー・ポッターと炎のゴブレット（上・下）』初版は二百三十万部。前作の三倍である。そういえば、追加が入ってこないという怨嗟《えんさ》の声は、このあたりからあまり聞かなくなった気がする。

多少慎重な数字にしたところで、そもそものスケールが違う本だから、仕入課には結局ハリポタ在庫タワーができた。二冊組もなんのその、四巻もまた快調に売れていったのだ。

「ハリー・ポッター」の発売日は、全国、全世界的に祭りだった。発売解禁の日時が厳密に決められていたので（確か朝の五時だ）、たくさんの店が早朝販売を行ったのだ。独自の特典を付ける店があり、コスプレをして並ぶファンがおり、忙しくて賑《にぎ》やかで、実に楽しかった。

シリーズはその後、新装版や文庫版などにサイズを変え、今でも定期的に売れ続けている。世紀末に突然あらわれた新星ハリーは、今や翻訳ファンタジーの定番名作、伝説の魔法使いなのである。

売れる人はタイミングがいい

うわーまたヤバイ本が出た！　新人？　これ絶対売らなきゃ！　と、鼻息荒く追加発注するような本に出会ったとする。大きく育てと念じながら積んでいるところへ、著者がおずおずと、「はじめまして……」なんて挨拶《あいさつ》に来たらどうするか。

新人の飛び込み挨拶は必ずしも歓迎ではないのだけれど（基本的には訪問予約入れてほしい）、ごく稀《まれ》に、こちらが一人で盛り上がっているところへタイミング良くあらわれてしまう人がいるのだ。そういうとき、書店員は満面に捕食者《ほしょくしゃ》の笑みを浮かべる。「はじめましてぇぇ～」と握手した手を絶対に離さず、あわよくば何か、販売促進の手伝いをしてもらおうとする。

二〇〇五年十月、『物乞う仏陀』が出たときがまさにそうだった。私はノンフィクションの

『物《もの》乞《こ》う仏陀《ぶつだ》』
石井光太
文藝春秋
（2005年10月単行本、2008年6月文庫　発売）

棚を担当していた。入荷してきたこの本を見た瞬間、「もしかして売れるのでは？」と、思わず鼻息が荒くなったのだ。早めに追加しよう、いやまずは読んでみなくては、と一人で盛り上がっているところへ、「あのぅ……」と棚の陰から声をかけてきた男性がいた。著者の石井光太《いしいこうた》さんだった。おお、なんて良いタイミング。多分、このときの私はカマキリの目をしていたと思う。

異国の恵まれない土地、危険な地域へ単身乗り込んでいくルポルタージュというのは、人の興味を惹《ひ》きやすい。『物乞う仏陀』も、そういうところに分類できる本だった。

十九の年にテレビに影響され、「ちょっと冒険するつもりで」パキスタンとアフガニスタンの国境付近へ出掛けた著者は、そこで己の浅はかさを痛感する。衝撃は帰国後も消えることなく、その後も彼を異国へと向かわせた。二〇〇二年、二十五歳になった彼は、持てるだけの資金を持って東南アジアへの長い旅に出る。

タイ、ラオス、ベトナム、インド、ネパール……どこの国にも物乞いがおり、差別される障害者がいた。物乞いで得た金を女につぎ込む若者、ベトナム戦争の時代に敵味方関係なく赤子を取り上げ続けた産婆、障害者と孤児のための教会、シンナー中毒で幼いうちに死んでいくストリートチルドレン。哀《あわ》れみを誘って「効率よく」物乞いをさせるため、子供の手足を故意に切断するマフィアもいた。

目を背けたくなるような悲惨な話があり、驚くほどあっけらかんとした陽気なシーンもある。

「物乞い」としてひとかたまりに語るのではなく、そこで生きる個人としての話を聞こうと、石井光太は奮闘する。

現実を見たい、知りたい。その衝動を、青臭いと感じる人もいるだろう。見世物《みせもの》ではないと憤《いきどお》る人もいるだろう。だが、まさに著者自身がその自問自答を繰り返し、湧き上がる感情ごと書き記していた。

読み返すと、今の彼なら書かないだろうなと思う箇所も多々あるのが面白い。客観的なルポルタージュというだけでなく、これは石井光太という著者の記録でもあるのだった。

発売時に読んだ私は、ますます売らねばならぬ気持ちになった。売るためには目立たせなくてはいけない。でも、当時のノンフィクション棚は新刊台の裏側で、ちょっと人目につきづらいところだった。さて、どうしよう？

そんなときに、著者がふらりとあらわれて「何でもします」と言ったのだ。私は、現地で撮った写真を何枚かもらえないかと頼んだ。書籍内で使っている写真は、すべて石井さんが自分で撮ったものだ。それをパネルに貼り、本文の抜粋を添えて、写真展のような看板を作ろうと思ったのである。

結局、看板はサイズ違いで複数作った。まずA3くらいの大きさのものを、表通路から見える位置に。興味を持って近づいた人が写真を追いながら移動すると、ノンフィクション棚の前に誘い込まれ、棚の横幅と同じサイズの大型看板が目に入るようにした。実際にそうやって棚の前に行き着くお客さんを見つけると、内心ガッツポーズである。光をちらつかせて獲物を誘い込む、チョウチンアンコウの気分である。

『物乞う仏陀』の売上はめでたく伸びていった。二冊目の書籍『神の棄《す》てた裸体』が発売されたときも、同じように写真を提供してもらって注目を集めたのだった。このあたりのことは、石井さん自身が『世界の美しさをひとつでも多く見つけたい』に、思い出話として書いてくれている。私のちょっとした自慢なのである。


二〇一〇年十月。六冊目にあたる『地を這《は》う祈り』は、これまでの旅の写真をまとめたフォトエッセイだった。私は新刊棚の担当になっていた。拡販を相談されたものの、様々な事情で、最初のときみたいに写真パネルを作るやり方は難しいなと思っていたら、編集者の方々がデジタルフォトフレームを提案してきた。画面に表示される写真が、自動的に変わっていくやつである。

今でこそ、ポータブル機器を棚に置いて宣伝動画を流すなんてのは当たり前にやっていることだ。でもこれ、いつ頃から盛んになったっけ……と考えるとき、私はこのデジタルフォトフレームの時期を思い出すのだ。

多分、早いところはとっくに活用していたのだと思う。ただ、私は「棚に余計なものを置くな」と教えこまれてきた世代だった。本屋なのだから、一冊でも多く本を置け。本を売るためのフリーペーパーでさえ、平積み面数を減らして設置したらご指導を食らったことがある。なので、本をどかして設置しなくてはいけないものに、ものすごく抵抗があった。電子機器だけではなく、立体的な大型拡材全般が苦手だったのだ。

その点、デジタルフォトフレームは電源さえ確保できれば、パネルと同じような感覚で使うことができた。当時の上司が、あまり細かいことを言わない人だったのも幸いしたと思う。設置してみると、動く画面が気になるのか、結構人が立ち止まる。長い間、真剣に見つめ続ける人も多かった。

人の興味を惹き、まず本を手にしてもらわなければ、何も始まらないのはわかっている。だから以前、写真を貼ってパネルを手作りしたのだ。ならば、デジタル機器でも立体拡材でも、同じように可能な限り使ってみれば良い。昔ダメだと言われたことが、今なら許されることも案外ありそうだ。……と、自分の中にあった無意識のルール設定を、少しばかり調整した思い出である。

書店では今、ドラマの予告編を流したり、声優の朗読CDを流したり、ぬいぐるみや模型を置いたりと、大型で賑《にぎ》やかな宣伝が随分多くなった。書店員が自力で何か作って飾りたてることもあるし、出版社がオブジェを持ち込むときもある。そういえば何の本だったか忘れたけれど、宣伝材料として、人の背丈ほどある金属製東京タワーみたいなやつが届いたこともあった。書店も出版社も、あれこれ知恵を絞っているのだ。

ただ、静かに本を選びたい、過剰なことをされると店から足が遠のくというお客さんがいるのも確かなので、そのあたりはうまいことバランスを取ってほしいと、現役世代に向かって念力老婆心を送る私なのである。

　大型化したといえば、身を縮めながら初対面の挨拶をした石井光太さんも、今や売れっ子のノンフィクション作家だ。堂々とした姿を、テレビで見かけることも多い。売れるとは思っていたけど、ここまで立派になるとはなあ……としみじみすると同時に、こちらはまだいくらでも大型化してほしいと、楽しみに思っている。

想定外です、お客さま！

店の都合で、写真集の売場がふたつに分かれていたことがある。タレントやグラビアアイドルの写真集と、風景や芸術系の写真集である。そのため、写真集の売場を聞かれたときには必ず、「どんな写真集か」を確認するのが店のルールだった。

ある日、学生服の青年から「写真集どこですか」と問われたときも、私はいつも通り「どんな写真集をお探しですか？」と確認した。

青年はぐっと言葉に詰まり、真っ赤になって俯《うつむ》きながら、「裸の……」と呟《つぶや》いた。

あっ、ご、ごごごごごめん！　大丈夫！　そんな正直に詳細な内容まで言わなくていいんだよ。もうちょっとこう、大雑把《おおざっぱ》に！

『愛の流刑地《るけいち》　上・下』
渡辺淳一
幻冬舎
（2006年5月単行本、2007年8月文庫　発売）
※書影は単行本上巻

「アイドル写真集は向こうの壁ぎわです」

方向を示すなり、青年はぴゅーっと逃げるように走っていってしまった。辱《はずかし》めるつもりはなかったのだけれど。案内、難しいなあ。


本屋の仕事の大部分は、接客である。会計の他、在庫の問い合わせや注文品の受注、電話応対、店内イベントの受付など、年中なにかと人に接している。私が働いていたのは、来店客数が多い店の賑《にぎ》やかなフロアだったから、特にその時間が多かった。

誉《ほ》められたこともあるし、怒られたこともある。中には、「なんですって？」と聞き返したくなる不思議な要望や問い合わせもあった。本のタイトルを失念したマダムが、「昨日うちの旦那が読みたいって言ってた本、あなた知らない？」と真顔で問い合わせてきたときには、失礼ながらちょっと笑いそうになった。それ、知ってたら逆にマズいですって。

書籍の検索も山ほど受けてきた。その中で、今でも覚えているものがある。年配の男性が、「新刊が見つからない」と声をかけてきたときのことだ。

「世間に忘れられてた作家の本が、十数年ぶりに出たらしいんだよね。で、結構話題になって、売れてるっていうから」

外出先で、新聞に書いてあったのをチラッと見ただけなので、タイトルも作者名も出版社もはっきり覚えていないという。ただ、作者が自分の体験を基に書いた、恋愛小説なのは間違いないらしい。

ほほう、と私は早速思考を巡《めぐ》らせた。書誌データがはっきりしないのだから、通常の検索システムだけでは見つからないだろう。でも、「売れている」というなら、店の売上データ上位に表示されているかもしれない。読んだ人が、インターネット上で話題にしているかもしれない。社内の文芸通が知っているかもしれない。

まずは手近なところから当たりをつけて、それらしい本をいくつか見てもらった。でも男性は、「違う気がする」と片《かた》っ端《ぱし》から首を横に振った。

「何十万部も重版してるって書いてあったから。本屋に来ればすぐ見つかると思ったんだけどなあ……」

そう言われると、なんか悔しい。

それにしても、何十万部と刷っている本にまったく辿《たど》り着けないなんてこと、あるだろうか？　私だけでなく、複数の同僚の手と知恵を借りて探しているのだ。男性が記憶している情報も、何度も確かめた。記憶違いというのはよくある。でも、確かめているうちにあやふやになるどころか、「作家名に村がついていた気がする」「情熱っぽいタイトルだった」と、新たな情報が出てきた。

これはもう新聞社に何件か電話した方が早いか……と思ったところで、パソコンを操作していた文庫担当の男子が「あ」と声を上げた。

「これじゃないですかね。『愛の流刑地』」

日本経済新聞朝刊にて連載中の、渡辺淳一《わたなべじゅんいち》最新作。その主人公である作家、村尾章一郎《むらおしょういちろう》が、十五年ぶりに『虚無と熱情』という本を書き上げていた。

そーれーだー!

全員が膝から崩れ落ちた。作中作。なんという盲点!


渡辺淳一といえば、ベストセラーを連発する大御所作家だ。私としては、一九九七年に出た『失楽園《しつらくえん》』の尋常でない売れっぷりが特に印象深い。互いに家庭のある男女の道ならぬ関係を描いたもので、当時は不倫することを「失楽園する」と呼ぶなど、社会現象にまでなったのだ。

『愛の流刑地』もまた、男女の濃密な愛を数多《あまた》の官能シーンとともに描き出し、話題を攫《さら》った作品である。主人公の名は、村尾菊治《きくじ》。かつては村尾章一郎というペンネームで小説を書き、ベストセラー作家としてもてはやされたこともあった。が、新作を書けないまま五十代になり、今は妻とも別居中という身の上である。ある日菊治は、自分の小説のファンだという人妻、入《いり》江冬香《ふゆか》と出会い、不倫関係になる。最初は菊治の方が前のめりだったのが、次第に冬香も熱を帯び、二人は引き返せない深みへとはまっていく。

とにかく官能シーンが多くて濃くて、そこが話題になりがちな作品である。電車の中で読んだりすると、何となく周囲の目が気になってコソコソしてしまう。でも、物語全体の展開から細部の描写まで実に見事なので、興味があったらぜひ読んでみてほしいと思う。例えば冒頭数ページがいい。光を遮《さえぎ》るために冬香が手をかざす、ささやかな挙措《きよそ》ひとつで、菊治が冬香に一目惚れしたのをわからせてしまうのである。この文章は熟練の技だ。さすが渡辺淳一、とひれ伏すしかない。

正直言えば、個人的な好みとしては、「昭和の男のドリームだなあ」と思うところも多々ある。ただ、菊治の思考と言動の道筋がはっきりしているので、どのシーンも「なるほど、それなら仕方がない」と納得してしまうのだ。途中で起きる事件も、結末も、順番に読んでいくと、この二人はこうならざるを得なかったのだという確信だけが残る。二人を肯定して読み終えたことに、私自身が愕然《がくぜん》とした。

探していた本が架空のものだと知って、慌てて帰ってしまったあの男性は、『愛の流刑地』が本になったとき、読んでくれただろうか。作中作を実在の本と勘違いして、本屋で在庫を確かめたと聞いたら、著者は案外、喜んだのではないかと思う。


それにしても二十年以上、我ながらよく店に立ち続けたなあと思う。本来は人見知り人嫌いチキンハートの持ち主なので、接客は大の苦手なのだ。「棚にあった本を誰かが買った」という理由で怒鳴《どな》られて（本屋なのに！）、その場で辞《や》めたくなったこともある。でもたまに対応を誉められたりすると、もうちょっと頑張るかと思い直したりする。そういう浮き沈みを繰り返しているうちに、何となく続いてしまった。

ある上司が、「支店なら一年かけて起こるか起こらないかのトラブルが、ここでは一週間で起きる」と苦笑していたことがあった。確かに、救急車もパトカーもよく来るし、機動隊が店の奥を封鎖したこともある。あんまり色んな人が行き交《か》いすぎて、女装、仮装、腹話術のお客さまくらいではいちいち驚かなくなった。レジ前に立っていた女性の背がすぅっと下へ沈んだので、貧血か？　と慌てて覗《のぞ》いてみたら、前後にペタリと開脚してヨガを始めていたこともあった。なぜ……そこでヨガ……。

　本当に、お客さまの言動は思いがけない。そこが手強《てごわ》くて、きっと面白いのだ。

もっと売りたい! 本屋大賞

『博士の愛した数式』
小川洋子
新潮社
(2003年8月単行本、2005年12月文庫　発売)

二〇〇四年秋、我らが本店の目の前に、他の書店チェーンがどーんと大きな支店を出してきた。「喧嘩《けんか》売るつもりはないんですよ。うまく棲《す》み分けられれば」というのが先方の口上だったし、こちらの店の上役たちも「競合店は良い刺激。ともに頑張りましょう」みたいなことを答えていた。もちろんその言葉に嘘《うそ》はない、とはいえ、商売敵《がたき》が腕まくりして乗り込んで来るのに、無邪気に歓迎だけしていられるわけがない。

先方の出店計画が明らかになった段階で、こちらの店では「者ども、戦《いくさ》じゃ!」の号令が下った。対策会議が頻繁に開かれ、物流の見直しや集客イベントの仕込みなどが次々と決まり、篝火《かがりび》が焚《た》かれっぱなしの城内みたいになった。店に来る出版社の営業陣は、「大変っすね!」

と言いながら完全に面白がっている。

開店日、挨拶に赴《おもむ》いたウチの店長は、その後も朝昼晩と時間を変え、曜日を変えて、頻繁に偵察に行っていた。他の管理職も同様だったと思う。みな、一歩たりとも譲らぬ構えだった。それはあちらも同じことで、オープニングスタッフには、業界でも名の知れた敏腕書店員たちが揃《そろ》っていた。

中に、私の見知った顔がいた。寄って行って「この勝負、受けて立つ！」と煽《あお》ると、大層嫌がられた。ごめんごめん。退散しつつ、ふと思い返す。

私、他社の社員である彼らと、どこで知り合ったっけ？

私がこの店で働き始めた新人の頃、他書店との交流話はほとんど聞かなかった。同業他社はライバルである。たとえば他社が作ったPOPや販促ペーパーを置くなんてもってのほか。出版社が作る販促物にだって、他の書店名が入っていれば難色を示した。二〇〇一年に『白い犬とワルツを』という文庫が、書店員のPOPによって大ベストセラーになったことがあるのだけれど、出版社がこのPOPのコピーを配ったときも、「よそが作ったPOPを立てるのか……」とボヤく管理職たちの声を聞いた。

しかし今では、所属会社に関係なく、書店員同士で共闘するのが当たり前になっている。POPもペーパーも、他書店が使わせてくれるというなら遠慮なく使う。SNS等を活用して繋《つな》がり、情報交換し、これぞという本があれば、書店同士で手を組んで一緒に盛り上げたりもする。飲み会を定期的に開いて、交流の場を作ってくれる人もいた（私が向かい側にできた店の敏腕メンバーと知り合ったのも、たぶんこういう酒席でのことだ）。同業他社のライバルというより、違う会社の同僚といった趣《おもむき》すらある。

書店員同士の繋《つな》がりがこんなに増えたのは、いつ頃からだっただろう。大きなきっかけとして思いつくのは、やはり本屋大賞である。全国の書店員が、投票によって「今、一番売りたい本」を選ぶ賞だ。第一回開催は二〇〇四年四月。受賞作は小川洋子《おがわようこ》さんの『博士の愛した数式』だった。

『博士の愛した数式』は、事故の後遺症で記憶が八十分しかもたなくなった「博士」と家政婦の「私」、そして十歳になった私の息子「ルート」の交流を描く物語である。

元数学教授の博士の家に通う私は、毎日「はじめまして」の挨拶から始める。昨日も来た私のことを、博士は覚えていない。代わりに博士は、毎日私の靴のサイズや郵便番号などを訊《たず》ね、その数字がいかに素晴らしいかを説いてくれるのだ。

ある日、私に十歳の息子がいると知った博士は、子供をひとりにしておくべきではないと主張し、家に連れてくるよう厳命する。博士は私の息子に「ルート」という愛称を付け、無条件に愛した。自分自身が手助けを必要とする状態でも、能《あた》う限りルートの庇護者《ひごしゃ》であろうとした。

三人の間にはいつも、美しい数字の世界があった。都合の良いことは起きないけれど、彼らの日々は思いやりに満ちている。博士の全力の肯定は、ルートと私を勇気づけた。そして二人が積極的にそばにいてくれたということは、博士にとっても肯定であっただろう。

この作品は、安易な言葉で総括しようとすると、繊細な部分がこぼれてしまう気がする。その、こぼれてしまう部分にこそ、大事なものがぎゅっと宿っているのだ。ぜひ自分で読んで、まるごとすくい取ってほしいと思う。

『博士の愛した数式』は、本屋大賞発表直後から、爆発的に売れ始めた。重版部数はすぐに三十万部を超えた。後にコミックや映画にもなり、文庫化の際には軽々と百万部を突破する。名作が大波に乗った喜ばしい例であり、「売りたい！」が目標の本屋大賞としても、最高のスタートとなった。


本屋大賞は、書店に勤める人ならば誰でも投票できる。まずは一次投票で、自分の推《お》したい本を推薦文付きで三作挙げる。それを実行委員が集計し、上位十作が「大賞候補」として選出される。書店員はこの十作をすべて読み、コメントを書き、一位から三位までを決めて二次投票するのだ。そうして最高点を獲得した本が、その年の「本屋大賞」になる。トップオブ「売りたい本」として、全国の書店で一斉に大プッシュされるわけだ。

力説しておきたいのだが、この賞は大賞作品だけでなく、名の挙がったすべての本が「売りたい本」である。推薦文は毎年、大賞発表と同時に発売される「本の雑誌増刊・本屋大賞」にまとまるので、チェックしてほしい。一次投票分からの本がすべて並び、推薦コメントも可能な限り掲載されている。本を売りたい書店員たちの、雄叫《おたけ》び集である。

受賞作の発表は大きな会場を借りて行われ、毎回多数の書店員が参加する。大賞本のPOPを作って行くのが条件だ。マスコミの取材が入り、作家や出版社の人々も参加し、大変な賑《にぎ》わいとなる。こんなに書店員が集まる会は、他にないだろう。

本屋大賞設立の経緯は、すでに数多《あまた》のインタビューや関連記事で書かれているので、知っている人もいるかもしれない。最初は、所属会社を超えた飲み仲間たちが、酒席でクダを巻いている間に出た話題のひとつだったらしい。「なぜあの本が直木賞を取らないんだ」「いっそオレたちで賞を贈ろう」と盛り上がった挙げ句、彼らは本当に行動を始めてしまった。本屋大賞の、最初の実行委員たちである。

全国の書店員に投票を呼びかけ、出版社や作家、流通など、あらゆる方面に協力を取り付けてイベントを開催するのは、並大抵の労力ではない。しかも彼ら自身、昼間は書店員として通常業務をこなしているのだ。あの頃はまだ「他の書店と一緒に売場を盛り上げる」などと言うと、渋い顔をする上の世代もいたはずで、目に見えない障害もあっただろう。

あの大掛かりな賞を立ち上げ、準備期間から投票、当日の運営まで、中心になって動いた実行委員には本当に頭が下がる。そしてそれを、毎年続けている粘《ねば》り強さにも。

書店業界の売上の厳しさは深刻で、組織ごとに張り合うばかりでは、とても太刀《たち》打《う》ちできなくなっている。一緒にやれることはやろうぜ、と、横に繋がりやすくなったのは心強いことだ。

二〇二一年の本屋大賞（第十八回）は、町田《まちだ》そのこさんの『52ヘルツのクジラたち』が受賞した。思いがけない疫病禍で難儀な情勢が続いているけれど、きっと全国の書店員が、今年も手を組んで奮闘しているに違いない。

ほんのまくらで大騒ぎ

えー、「まくら」と申しますと一般的に思い浮かべるのは、頭の下にちょいと差し込む安眠の友、修学旅行では投げ合いになり、時に妖怪がひっくり返しに来るというアレでございます。落語家が本題に入る前、まず頭に世間話や小咄《こばなし》などするのも「まくら」と言いまして、これは聞き手をスムーズに話へ引き込むための技。そこから連想して、小説の最初の一文を、「本のまくら」と呼んだのは……とあるフェアの担当者たちでありました。

「出だしの一文だけで本選んでもらうの、面白くないですか?」

店の若者たちからそんなフェアの計画を聞いたのは、二〇一二年の七月頃。四ヶ月前からコツコツ選書してきたけれど、予定の点数に少しばかり足りないので、「何か思いつく本があれ

『求愛瞳孔反射《きゅうあいどうこうはんしゃ》』
穂村 弘
河出書房新社
（2007年4月文庫　発売）
※2002年12月に新潮社より単行本発売

ば教えてほしい」と声をかけられた。

選書のルールは三つだ。ひとつ、出だしの一文が印象的であること。ふたつ、自分で読んで面白かった本であること。みっつ、一冊五百円程度の文庫であること。

「最初の一文を印刷したカバーで、本のタイトルも著者名も全部隠して売るんです。お客さんには、一文だけ見て直感で選んでもらう。博打《ばくち》みたいな売り方だけど、ワンコイン程度なら、試しに買う人もいると思って」

おお、なるほど。それは面白そう。私も二冊本を挙げて、選書リストに採用してもらった。

選ばれた本は全部で百点、それを十五冊ずつ仕入れ、すべてカバーを掛けてビニールパックする。実際棚に並べられたところは、なかなか壮観だった。白地に文章だけを色印刷したオリジナルカバーは、シンプルかつポップで、よく見ると「ほんのまくら」というフェアのロゴが、透かしのように淡いグレーで入っていた。運営チームのリーダー伊藤稔《いとうみのる》くんが、友人のデザイナーに作ってもらったのだという。

文庫のフェアなので、開催場所は文庫・文学書の売場だったけれど、運営チームは所属無関係の有志連合だ。当時仕入課にいた伊藤稔くんと、売場担当の山﨑陽子《やまざきようこ》さん、梅﨑実奈《うめざきみな》さん、伊藤隆弘《いとうたかひろ》くんが中心になって動いていた。他にも、海外支店のメンバーが選書に参加したり、配布用リーフレットの作成に腕を振るう担当者がいたりと、複数の人が協力していたようだ。

フェアが始まったのは、二〇一二年七月二十六日のことだ。「中を見ずに買ってくれ」というハードルの高い趣向だから、半分くらい売れたら御の字だなと、彼らは思っていた。
ところが、八月五日にある著名ブロガーがツイッターでフェアを紹介してくれたことで、状況が一変する。一気に話題になり、二日後には人だかりで通路が埋まった。混雑対策のために急遽《きゅうきょ》フェアの場所を変えたものの、今度は並べる本がない。軒並み売り切れて、すっからかんである。

あまりの急展開に、運営チームは戸惑っていた。十や二十の追加では焼け石に水なのはわかるけれど、ではどの本を何冊発注すればいいのか。しかもお盆が挟まる時期で、本の入荷にいつもより時間がかかる。その間品切が続けばお客さんの興味は薄れ、再入荷したときにはもう売れないかもしれないのだ。

「絶対みんなすぐ飽きますって。八月末は棚卸《たなおろし》もありますし。大量に余ったらヤバいじゃないですか」

彼らの腰が引けるのも、もっともだった。でもこういうとき、中心にいる人たちの方が事態を過小評価しがちである。本を直接店に送ってくれる版元があると聞いて、私は発注数に思いっきり口を挟んだ。横からスマン。でもここは、前のめりに行くべきタイミングだ。「そんなに発注するの?」と動揺する若人《わこうど》たちの背を、大丈夫大丈夫と押しまくる。結果……それでも全然足りなかった。

取材の申し込み数も爆発的に増えていた。ウェブメディアや業界紙から始まり、新聞社各社、テレビの情報バラエティー。もともと本に関する取材が頻繁に入る店だったけれど、こんなに集中するのは初めてだった。記事やニュースが断続的に世に流れて、さらに話題が話題を呼ぶ。

ついに店をあげての特別対応になった。運営チームを各売場の通常業務から外し、商品手配と取材対応にあたらせるシフトが組まれた。オリジナルカバーのカラーコピーとカット、巻き付けといった作業は人の手で行うしかなく、事務室や社員休憩室を使って人海戦術が展開される。仕入課には、「ほんのまくら」用の保管場所が確保された。

夏休みで遠出しやすいというのも相まって、連日多くのお客さんが、フェアを目的に来店してくれた。フェアの開催場所は決して広くなかったし、見に来た人は皆ゆっくり吟味《ぎんみ》するので、棚の前は常にギュウギュウの大混雑だった。補充すらままならず、一時的にロープを張り、棚の前を立ち入り禁止にしたこともあった。


大混雑の日々で、想定以上に大変なことになったのが、売場のレジである。「ほんのまくら」本は、中身が一切わからないように、カバーとビニールパックを掛けて販売していた。お客さんは、このパックを自分で開けてタイトル確認するのが楽しみなので、大抵「そのまま売って」と希望する。でも「そのまま」だと、特製カバーの下に隠れているバーコードが見えないのだ。

「もしや……全部手打ち対応……？」

レジでバーコードを読み取れない場合、本に挟まっているスリップ（出版社や値段などを書いた短冊）を見て、書籍コードや価格を打ち込むことになっている。数列のコードを読み取るスキャナーもあったけれど、めちゃくちゃ反応が悪いので、手で入力する店員が多かった。いつもなら、そのやり方で問題ないのだ。でも今、途切れない長蛇の列では、半数以上のお客さんが何かしら「ほんのまくら」本を持っている。できるだけお待たせせず、かつ、店員の負担も少ない方法を模索してみたものの、結局「各自その場で手打ちするのが一番早い」という結論になった。

「マジか……」

売場全員が遠い目になった。でもやるしかない。怒濤《どとう》の早打ち耐久レースである。

「運営チームは社長賞モノだと思うけど、売場も何か労《ねぎら》われるべきでは！」と叫び続けていたら、後日店長から菓子折りが届いた。

このフェアで一番売れたのは、穂村弘《ほむらひろし》さんの『求愛瞳孔反射』という詩集である。二ヶ月の売上が千百十二冊だ。すごい。「あした世界が終わる日に一緒に過ごす人がいない」の一文は、フェアのキャッチコピーのように、あちこちで紹介された。穂村さんが失恋したときに書き綴った作品だそうで、風景が浮かぶような詩もあるけれど、多くは寓話のような、狂気のような、不思議なイメージに満ちている。フェア後には改めて重版がかかり、「ほんのまくら」で使ったのと同じデザインカバーで、全国へ流通していった。ただし、こちらはタイトルもバーコードも入った、出版社公式仕様であった。

「ほんのまくら」フェアは九月十六日まで続き、一万八千六百十七冊を売り上げた。その後、タイトルや著者名を記したPOPと、推薦コメントを掲示した答え合わせ期間を、二十三日まで設《もう》けている。

答えがわかってしまうと、見た人はその場で満足するらしい。この期間の売れ行きは案外穏やかだったと、運営チームはコメントしている。それでも一週間で四百冊ほど売れたようで、私の手元に残っているメモでは、フェア全体の最終的な売上は一万九千八十二冊となっている。

まくらで始まった話は、お後がよろしいようで、と締めたいところだ。次の若い世代にも、後に続くオモシロ企画をどんどん生み出して、あわよくば狂乱の日々を味わってほしいと、私は密《ひそ》かに期待している。

王と麒麟《きりん》は嵐とともに

『白銀《しろがね》の墟《おか》　玄《くろ》の月　全四巻』
小野不由美
新潮社
（2019年10月第一・二巻、11月第三・四巻文庫　発売）
※書影は第一巻

二〇一九年十月上旬、店の管理職やイベント担当たちが、気象情報を睨《にら》んで連日難しい顔をしていた。大型で強い台風十九号が、東京を直撃しそうなのだ。予報通りなら十月十二日前後が危ない。ちょうどサイン会などのイベントが目白押しの時期で、中止か延期か決行か、案内周知のためにも早めに判断する必要があった。台風の規模や、交通事情を考えると、店を開けられるかどうかすら怪しい。

「よりによって、十月十二日かあ……」

文庫担当や特設コーナー担当が、揃《そろ》って溜息《ためいき》をつく。

十月十二日は、「十二国記」シリーズ十八年ぶりの長編、『白銀の墟　玄の月』発売日だった。

「十二国記」シリーズは、小野不由美《おのふゆみ》さんが書く超人気ファンタジーである。舞台は古代中国を思わせる異世界で、気候風土、政治など、背景の違う十二の国が存在する。すべての国に共通するのは、霊獣《れいじゅう》麒麟が王を選び、誓約を交わして玉座に据《す》えるということだ。正当な王が正しい統治を行えばその国は長く安定するし、王が道を外したり、偽の王が立ったり、何らかの理由で空位が続いたりすると、国は容易に荒れる。

このシリーズは作品ごとに違う国が舞台となる。最新作『白銀の墟　玄の月』は、戴国《たいこく》の物語だ。

戴についてはすでに、『魔性の子』『風の海　迷宮の岸』『黄昏《たそがれ》の岸　暁の天《そら》』と三つの話が書かれている。『魔性の子』は、「十二国記」シリーズのエピソードゼロともいうべき作品だ。舞台は日本。十二国の世界と私たちが住む世界は、蝕《しょく》と呼ばれる現象によって交わることがあり、その際に流されて世界を渡ってしまうものがいるのだ。戴国の麒麟、泰麒《たいき》にも、その現象に絡む事情がある。

普通の麒麟と違うところの多い泰麒が、新王を選ぶまでの物語が『風の海　迷宮の岸』だ。そのラストがよもやの展開で、呆然《ぼうぜん》としながら待った続編が『黄昏の岸 暁の天』である。女将軍李斎《りさい》が、王と麒麟、戴国の未来を救うために奮闘するのだが、これまた気になるところで終わる。続きは⁉　戴どうなっちゃうの⁉　と悶《もだ》え転がっているうちに、ふたつの短編集を間に挟んで、気がついたら十八年が過ぎていた。

『白銀の墟　玄の月』は、そうやって待ち望んだ戴国の、続きの物語なのだ。しかもシリーズ最長！　公表された表紙は、成長した泰麒の姿！　もしや王と麒麟が、あるべき場所、あるべき関係に戻るのではなかろうか。

作中、臣民が王を「主上《しゅじょう》」と呼ぶのに倣《なら》って、十二国記ファンは作者の小野さんのことを「主上」と呼ぶ。新刊の情報が少しずつ公開されるたび、ファンは歓喜の声を上げた。

「主上ー！　お待ち申し上げておりました‼」

タイトルと作品舞台が公表されたのは、八月だった。シリーズ最長となる新作は四巻組で、十月に一、二巻が、十一月に三、四巻が出るという。

詳細が発表されると、店には早速予約が入り始めた。既刊を全点積み上げる特設コーナーも複数箇所に設置され、さらに宣伝用のポスターや、特製の販売台などが届き、どんどん華やかになっていく。発売日をカウントダウンする日めくりカレンダーもあって、これは毎日、文庫担当や店内のファンたちが「ウフフ……」と半ば個人的な喜びをもってめくっていた。他書店からのカレンダー写真もＷＥＢ上で頻繁に見かけるようになり、気持ちは日々盛り上がっていく。

さらに私がいた書店では、新刊発売に先立ち、〈「十二国記」の世界〉という展示イベントも開催された。山田章博《やまだあきひろ》さんのイラストを使った十二国記の世界観解説や、陽子《ようこ》、楽俊《らくしゅん》など、作中に登場するキャラクターの立体パネルを展示し、書籍や十二国記のグッズなどを販売したのだ。全国で唯一の開催地だったという。

　このイベントを行った催事スペースは店の一階にあり、専任の管理職やスタッフがいる。なので、私は遠くから野次馬的に覗《のぞ》いていただけだったけれど、初日から長蛇の列で、大変な混雑をしていた。グッズは購入できる数を制限していたにもかかわらず、早々に売り切れが続出した。でも、それ以上に焦ったのは、既刊本が売り切れるという事態だった。

　慌てて店内各所の在庫をかき集め、催事コーナーをバックアップしたものの、結局焼け石に水。ジュッと、蒸発するように売れていくのだ。グッズを買いに来るほど熱心なファンは、すでに既刊本を持っているだろうと思っていたのだが、読み違えてしまったようだ。店内の他の特設コーナーでも、既刊は着々と売れていたから、想定以上に新規読者が増えているのかもしれない。

　新しい読者といえば、思い出すお客さんがいる。この機にまとめ買いして読み始めたというマダムが、慌てた様子で店に来たのだった。

「私ったら、買い忘れてた巻があるみたい。続きが欲しいの」

「おや、それは大変。どの巻でしょう？」

「それが、タイトルを思い出せなくて。戴の話が途中なのよ」

「あっ……」

　察した。奇遇ですねマダム、私も、戴国の話が途中なんです。

長いファンから新規読者の方々まで、店員も含めて、ワクワクドキドキで待っていた発売日。その祝祭の一日めがけて、未曽有《みぞう》の台風は迫っていた。

進路が逸《そ》れるとか、スピードを上げて早めに過ぎていってくれれば、店を開けることはできるのに。願い空《むな》しく、台風はもののみごとに、十月十二日の東京を直撃した。首都圏の交通網は事前に運休や間引き運転が予告され、店も臨時休業することになった。店が事前に臨時休業を決めたのは、私が在籍していた二十五年ほどの間でも初めてのことだったと思う。

なにもこの日をピンポイントで……と東京の書店員たちは嘆いたけれど、ネット上ではファンの間に妙な納得感が広がっていた。

「蝕だ……」

十二国の世界とこちらの世界が繋《つな》がる、唯一の現象。発生すると世界の気が乱れ、嵐のような破壊が起こるというアレだ。新刊の発売日に、全国で唯一展示会を開いている店の真上を嵐が通っていくなんて、まさに蝕ではないか。

そうか、ならば仕方がない。何しろ十八年ぶりに王と麒麟が動くのだ。そりゃ蝕のひとつも起ころうというものだ。

嵐が去った十三日、店は午後からオープンした。店の前で待っていたお客さんたちが、競うように駆け込んでくる。一日休んだだけでこうなるのかあ……と感慨深く見ていたら、あっという間に文庫のレジ前が大行列になってしまった。列が延びすぎて、階段の方まではみ出しそうだ。そして、並んでいる人々のほとんどが、『白銀の墟　玄の月』を手にしている。パネル展示も見たい女性ファンは催事会場の方へ行っているのだろうか。文庫レジ前は圧倒的に男性の列だ。圧巻だった。

　新潮文庫史上最高の初版五十万部からスタートしたという一、二巻は、発売三日で約半数が売れ、すぐに十万部ずつ重版がかかった。店頭の騒ぎを見ていると、そうだろうなあと頷《うなず》くしかない。そしてこれだけの期待を、決して裏切らない作品だった。

　少女小説のレーベルで始まった「十二国記」シリーズは、その骨太な作風で、今や老若男女を問わず虜《とりこ》にしている。『魔性の子』が発売されたのが、一九九一年。今年は「十二国記」シリーズの三十周年だ。四十周年、五十周年と、末永く続いていきますように。続きをお待ちしています、主上。

棚の前にはドラゴンがいる

ああ、だめだ。売り切れる。

推《お》し本の在庫が着々と減っていく。重版予定はまだ先で、再入荷するまで在庫がもたないかもしれない、そんなとき。書店員は全支店のデータに目を走らせる。

「あっ、この店、在庫持ってるじゃん」

獲物を狩る猛禽《もうきん》の顔になり、一応、できるだけ低姿勢に交渉する。

「その在庫を少しこちらへ寄越《よこ》……譲って下さいませんか」

「構いませんよ」

向こうの店にも猛禽がいて、容赦なく爪を立ててくる。

『蜜蜂《みつばち》と遠雷《えんらい》』
恩田 陸
幻冬舎
（2016年9月単行本、2019年4月文庫　発売）

「代わりに今話題のあの本、分けて下さい。お持ちでしょ？」

……致し方ない。ここは互いに、在庫交換といこうじゃないか。

支店がいくつかあるタイプの書店なら、店の間で在庫の融通《ゆうずう》をしあうのは日常茶飯事だろう。店長とかエリアマネージャーとか、目配りする範囲が広い立場の人ならば、各店の在庫というより会社全体の在庫として、常に大きく捉《とら》えているかもしれない。

私が働いていたのは、紀伊國屋《きのくにや》書店新宿本店。国内外に数多《あまた》の支店を抱える書店チェーンの総本山で、本の入荷数も、支店との在庫のやり取りも、日々膨大である。中でも一番頻繁に行き来したのは、本店から徒歩十分ほどの場所にあった新宿南店（日常的には単純に南店と呼んでいた）だった。デパートの別館をまるごと埋める規模で、二十年ほど営業を続けたあと、二〇一六年八月、テナント契約の区切りを機に大幅縮小された。洋書売場だけを残し、他の和書売場をすべて閉めたのである。

何かあったときには歩いて本を運べる、近場の支店がなくなってしまうのは残念だった。本店で売り切れた本が南店にまだある、なんてときには、「お願い！」と言いながら、半ば強奪するように分けてもらったこともある。そうか、閉めちゃうのか。残念だな。

とはいえ、感慨にふけっている場合でもない。南店で行っていた業務が、いくつか本店に引き継がれることになった。そのひとつが、営業部やウェブ会員からの注文品ピックアップである。

書店のホームページから本を検索し、店に取り置きを依頼したり、ない本を取り寄せたり、配送を指定したりする無料会員サービスがある。このうち、店頭在庫の取り置きをするのは、各店の店員の仕事だ。逆に、配送はウェブサービスの専門部署がまとめて対応しており、彼らが注文品を集めるために使っていたのが南店だった。

営業部もまた、南店の在庫を頼りにしていた。書店の営業部というのは、大学や図書館などの取引先をまわる外商担当である。注文が入ると、まず南店の在庫をあたるのが、当時の社内ルールだった。

このピックアップ作業が、今度は本店で行われることになったのである。売場から抜かれる本の数が、突然、極端に増えた。

どの部署から来る依頼にも、その先には必ず「欲しい」と言っているお客さんがいる。それは重々承知している。でも同様に、店には店のお客さんがいるわけで、売場の担当としては、在庫を譲りすぎて棚をスカスカにするわけにはいかない。どこで売れても同じ会社の売上だなんて理屈を押しつけられたら、売場が反発するだけだ。

昔は、あらゆる注文に対して、店の在庫から抜くのが最善だったのだと思う。でも今は、店の状況も物流の状況も変化している。なにも営業中の店内から抜いて行かなくたって、本社が管理している倉庫とか、取次の物流センターとか、素早く手配できる場所は他にもあるはずだ。

「他をあたって下さいませんかねぇぇぇ⁉」

かくして、お宝を守り火を噴くドラゴンと炎を掻《か》い潜《くぐ》って宝を集めに来る冒険者、みたいな攻防戦が頻発することになる。

私が在庫攻防戦の起きやすいタイミングとして毎回警戒していたのは、年二回の直木賞候補作発表だった。候補決定のニュースが流れると、必ずウェブ注文や営業からの依頼が増えるからだ。

ただし、この段階で店の在庫が潤沢にあるなんてことは、あまりなかった。全国書店がこぞって注文するので、出版社側は希望通りに出荷してくれない。今重版するか、選考結果が出るまで待つかも、悩ましいところだろう。

慣れた書店員だと、候補になりそうな本はできるだけ返品せず、ネチネチと売り続けているものだ。読みが当たれば、抱えていた在庫が光る。そしてそのお宝在庫を目指し、「お客様がご所望なので」とピックアップチームがやって来るのだ。ご所望ならば仕方がない、けど、在庫持ってる支店、他にもあるのに……！

候補作が売れるといえば、本屋大賞も華々しい。この賞の場合、一次投票に参加した書店員には予《あらかじ》め候補作が知らされる。出版社も事前に重版することが多く、皆が準備をして発表を待つのである。

この、直木賞と本屋大賞をダブル受賞した本がある。恩田陸《おんだりく》さんの、『蜜蜂と遠雷』である。国際的なピアノコンクールに挑戦する、若者たちの物語だ。五百ページ強、二段組みという大ボリュームながら、飽きないどころか、早く次を、彼や彼女の次の演奏を聴かせてくれと、ページをめくる手が止まらなくなる。亜夜《あや》のピアノは絶対オーケストラと一緒に聴いてみたいし、塵《じん》のピアノは叶《かな》うなら、空の見える場所で聴いてみたい。文章で綴《つづ》られる音楽に煽《あお》られて、体温が上がってしまう小説である。

この本が出版されたのは、二〇一六年九月だ。傑作、という評判が広がり、十二月二十日には第一五六回直木賞候補への選出が発表された。

すでに売れていた本なので、在庫は多めにあったはずだ。年末年始は十分にもつ、と思っていたのに、在庫の山は急激に低くなっていく。二〇一六年十二月は、ピックアップ場所が本店へ移行して、初めて迎えた年末である。「繁忙期の店から本を抜くな、ってば！」などと、私は連日、キリキリと怒り続けていた気がする。

年明けて、二〇一七年一月十九日、『蜜蜂と遠雷』は直木賞を受賞した。引き続いて同年の本屋大賞候補になり、四月にはこちらも大賞を受賞する。史上初の、直木賞・本屋大賞ダブル受賞だ。その冠がまた、売れ方に拍車をかけた。

ここまで売れまくるようになると、発注や在庫管理は、仕入課にほぼお任せである。山ほど仕入れて保管してくれるので、ピックアップチームがどれだけ在庫山脈を崩そうと、品薄になった支店へどれだけ出庫されようと、大らかに見守ることができるのだった。

とはいえ、すべての本がこうなるわけではない。やっぱり、なんでもかんでも店の在庫から抜いていく方法は、棚担当者の負担が大きすぎる。ここはひとつ冷静に、現状を数字で訴えよう。私はピックアップ部署の管理職に頼んで、どのフロアから何冊本を抜いているか、毎月データを見せてもらうことにした。案の定、文学書売場からのピックアップが突出して多く（一番多いのは社会書だったのだけれど）、結局そのデータを持って店長に詰め寄り、「ほら！　大変だって言ったじゃん！」と、盛大に火を噴いたのだった。

しばらくして、ピックアップの社内ルールが一部変更になった。会社の共有倉庫や取次など、店以外の場所で調達する本が増え、店頭の負担がちょっと減った。あくまでも会社内部の話なので、お客さん側に影響はない。火を噴いたドラゴンは、私だけではなかったはずだ。書店には棚を守るドラゴンが、結構あちこちにいるのである。

脱走家猫《いえねこ》の冒険と帰還

本を持って旅に出る。本に影響されてどこかへ行く。そんな経験はあるだろうか。私はよくある。京極夏彦《きょうごくなつひこ》さんの『絡新婦《じょろうぐも》の理《ことわり》』は新宿御苑《しんじゅくぎょえん》の桜の下で読んだし、光原百合《みつはらゆり》さんの『時計を忘れて森へいこう』は、後半を清里《きよさと》まで出向いて読んだ（清里が舞台の話なのだ）。そして沢木耕太郎《さわきこうたろう》さんの『深夜特急』に煽《あお》られて、一人旅にも出た。ただしスケールはぐんと小さい、国内三泊四日の旅である。今回は少し、私的な話をしようと思う。

『深夜特急』は、ノンフィクション作家・沢木耕太郎さんによる紀行文学だ。インドのデリーからイギリスのロンドンまで、乗合いバスで行ってみたいと思い立ち、二十六歳の「私」は旅

『深夜特急1　香港・マカオ』
沢木耕太郎
新潮社

（1994年3月文庫　発売）
※1986年5月に単行本『深夜特急　第一便　黄金宮殿』発売
2020年7月に新版発売

に出る。私、とは沢木さん自身である。

デリーに向かうため、香港《ホンコン》とバンコクを経由する格安航空券を買った「私」は、最初の香港でいきなり長逗留《とうりゅう》をする。マカオでカジノにはまり、バンコクからマレー鉄道に乗り、ようやくインドへ移動する気になったとき、目指したのはデリーではなくカルカッタだった。

旅の間に見たもの、出会った人の記録と、「私」自身の内面の動きが重なって、時に小説を読んでいるような気持ちにもなる。熱に浮かされ迷走する旅の序盤。大陸の真ん中を前へ前へと進む中盤。いくつもの出会いと別れを繰り返し、旅の終わりを意識し始める終盤。旅と人生は似ている、なんてよく言われるフレーズも、この本を読んだ後なら素直に頷《うなず》けるだろう。『深夜特急』は、一九八六年五月に一巻と二巻が発売され、少し間を空けて一九九二年十月に三巻が発行された。単行本発売時、私はまだ書店員ではなかったので店頭の様子はわからないけれど、飛ぶように売れたのだと思う。この本に影響されて、同じようにバックパックひとつで世界へ旅に出る若者たちが多数出たという。ゆえに、バックパッカーのバイブルとも呼ばれている。

私が『深夜特急』を読むきっかけとなったのは、テレビだった。一九九六年から一九九八年にかけて、『深夜特急』を原作としたドラマが三本制作された。「私」を、大沢《おおさわ》たかおさんが演じている。

たまたまつけたテレビに、アジアの雑踏を行く彼の姿が映っていた。何となくチャンネルを変えられないまま、気づいたら私はわけもわからずベロベロに泣いていた。「一体自分はどうしてこんなところにいるのだろう」……その問いかけが、刺さって仕方がなかった。

翌日、呆然《ぼうぜん》としたまま出勤すると、売場の先輩が『深夜特急』コーナーを広げていた。事前に平積みにはしてあったのだが、実際にドラマを見て、これは売れると思ったらしい。『深夜特急』はすでに文庫化され、六冊のシリーズとなっていた。確かに、ドラマの影響は顕著に出た。各巻が個別に売れていく他、化粧箱入りの六冊セットも人気で、一度売り切れた記憶がある。私も、この箱入りセットを購入した一人だ。

ドラマと原作を一気に摂取した挙げ句、私は同じような旅がしたくてたまらなくなっていた。出たとこ勝負の一人旅ができるって、なんて格好いいんだろう。

私自身は出不精で、本来旅は好きではない。でも、そういう閉鎖的な自分が大嫌いだった。一人で物怖《ものお》じせず動き回り、新しい場所へどんどん歩いて行ける人たちが、羨ましくて仕方がなかった。

一人で海外へ出るのは無理でも、国内ならどうだろう。『深夜特急』とは関係なく、少し前に情報を見かけた、北海道の穂別《ほべつ》地球体験館（二〇一九年閉館）という場所が気になっていた。そうだ、あそこへ一人で行ってみよう。

私は二十代後半になっていた。詳細を決めない一人旅というのは、当時の私にとってちょっとした冒険だった。沢木さんとはスケールが違っても、できるだけその場の判断で動く旅をしてみたかった。私もいざとなれば自由に歩けるのだと、自分自身に証明したかったのだ。

九月下旬、遅めの夏休みを申請して、寝台特急北斗星《ほくとせい》（二〇一五年運行終了）に乗り込んだ。四人ひと組のB寝台である。向かい側は高校教師だという男性で、旅先で見知らぬ人と交流するのが楽しみという人だった。『深夜特急』の「私」なら、この出会いを楽しむに違いない。私は閉じ籠もりたがる心を叱咤《しった》激励して会話に応じた。閉鎖的で人嫌いな私と、世慣れた風に社交的でありたい私が、頭の中で蹴り合っていた。

翌朝、苫小牧《とまこまい》で下車し、ローカル線に乗り換えて鵡川《むかわ》へ。車の運転ができないので、そこから穂別町《ちょう》まで約一時間の道のりはバスを利用する。昼近くになってようやく目的の建物に辿《たど》り着き、私は愕然《がくぜん》と立ちつくした。

「休館日、だと……？」

平日である。本来なら開いている曜日だ。でも、秋分の日を挟んだ連休後だったので、振替休日になっていたのだ。迂闊《うかつ》だった。

明日は開館するようなら、ここで一泊するのもアリだと思った。『深夜特急』っぽくて、かえって良《い》い感じかもしれない。しかし町役場で訊《たず》ねてみると、何と連休だという。私が東京から来たことを知り、役場の人は何とか見学できないかと管理者に連絡を取ってくれたけれど、連絡はつかず、私もさすがに申し訳なくなって諦めることにした。

……何をしているのだろう。

目的の場所の開館情報くらい、確認しておけば良かったのに。いや、こういうアクシデントもありだと覚悟して、あえて準備しない旅に出たのではなかったか？　わかっている。でも、だけど。脳内でまた、私同士の蹴り合いが始まった。私は自業自得の徒労感でいっぱいになっていた。

次のバスまで、まだ時間はあった。でも、万が一にもバスを逃したくないと緊張して、バス停の周りを歩いてみる程度のことしかできなかった。バスに乗れば乗ったで、今度は宿を決めていない不安がのしかかってくる。ネガティブに縮こまるばかりの自分に腹が立っていた。悪い傾向だった。

鵡川の駅では、苫小牧行きの列車を待って、また一時間以上ぼんやりするはめになった。陽《ひ》が傾いている。駅の待合室から見える範囲に、店らしいものは見当たらない。一軒だけ、喫茶の看板を出しているのが見えたけれど、私は何だか疲れきって、動くのが億劫《おっくう》になっていた。

函館《はこだて》の友人に連絡して、泊めてもらうことになった。苫小牧から特急に乗る頃には、外はすっかり暗くなっていた。

翌日は函館市内を歩き、さらにその翌日は松前《まつまえ》に足を延ばした。こちらも連休後のせいか観光客の姿はほとんどなく、シャッターを下ろした土産物店が目立った。私は波の荒い北の海と打ち寄せられた昆布を見ながら、寂寥《せきりょう》感で途方に暮れた。

函館から帰京の列車に乗り込んだ。列車が動き出したところで感じた深い安堵《あんど》と、失望と諦観の入り交じった感覚が、今も忘れられない。一人で歩きたい、私は自由でありたいのだと、意気揚々と出てきたのに。結局座って、時刻通りに運ばれる列車の中にいる今こそが、一番安心していられる。なんて小心者なのだろう。

ああ、私は家猫なのだ。

野良猫に憧れて脱走を気取ってみても結局ぬくぬくした寝床に戻るしかない、家猫にすぎないのだ。

家猫だという自覚は逆に、その後の私を随分と楽にした。相変わらず外へ出て行ける人には憧れるし、今度こそ、と懲りずにトライもする。でも、根が向いていないものは仕方がない。

『深夜特急』と並べて語るには恥ずかしいほど小さな旅だったけれど、した価値はあったなあと思っている。

広場の中心で、愛をさけぶ

『世界の中心で、愛をさけぶ』
片山恭一
小学館
（2001年4月単行本、2006年7月文庫　発売）

「あの二人付き合ってますよ」

売場の女子たちが口を揃《そろ》えた。社内の噂《うわさ》話である。知らなかった！　キミたちよく気がつくね!?　と私が仰天《ぎょうてん》すると、「見てればわかりますし」「本人たちも最近隠してないし」「ていうか、なんで気づかないのアンタは」と容赦ない突っ込みが返ってきた。すみません、鈍感で。

先輩社員がニヤリとほくそ笑みながら腕組みをする。

「私がキューピッドみたいなものね」

「お。何したんです？」

「シフト組むとき、あの二人を一緒に、何回か『広場』へ入れたのよ。そこで急接近したってわけ」

なるほど、と全員が頷《うなず》いた。

広場。いくつかの恋が芽生えた（らしい）、売場の縁結びスポットである。

私が勤めていた紀伊國屋《きのくにや》書店新宿本店の一階には、ぽかりと開けた場所があった。正面入口から大通りに出るまでの、ほんの数メートル四方のエントランス空間だ。待ち合わせをする人々で常に賑《にぎ》わっていた。

いつ頃からだったか、ここに本の陳列ワゴンと移動レジを並べるようになった。待ち合わせや通りすがりの人に、気軽に本を手に取ってもらおうというわけである。当然外に立つレジ担当者が必要になり、最初は全フロアから交代で人を出していたのだが、やがて一階売場が専任となった。店内ではこの場所を、「外売り」とか、単に「広場」と呼んでいた。

ワゴンを動かして重点商品の発売イベントを行ったり、モニターや人形を置いたり、ワゴンを二、三台、まるごとひとつの本で埋めてアピールしたり、わりと自在に動かせるのが広場の強みだった。売上もいい。店に入るほど熱心ではなくても、気になっていた本が通りすがりに目に留まれば、ひょいと買って行く人は結構いるのである。

開けた場所なので、人通りを邪魔せずに列整理できるのも良かった。ホワイトバンドという貧困撲滅キャンペーンのアイテムが一世《いっせい》を風靡《ふうび》したことがあるのだけれど、これを広場販売したときの行列が凄《すさ》まじく、広場があって良かった……としみじみ思ったものだ。店内で、他の書籍会計と一緒にしていたら、売場通路が列で埋まってクレームになっていたに違いない。

気が遠くなるような真夏の昼下がりも、寒風吹きすさぶ真冬の夜も、店の営業時間中は広場も同様に営業する。なかなか過酷な場所ではあった。とはいえ、夏は冷風機や水分補給の飲み物、冬は防寒着や電気ストーブが用意されていたし、担当した時間数に応じて手当も支給されていた。売場内では、決して不人気な場所ではなかったのだ。

そして、当時は防犯のために二人一組で入るのがルールだった。一回につき一時間交代。おしゃべりは一応禁止だったけれど、二人っきりで一時間一緒に立っていたら、多少は言葉を交わすものである。それが男女の組み合わせで、相性が良かったりしたら。繰り返し一緒に入って、二人っきりの機会が重なったりしたら。好意が恋に育っていくのも自然の成り行き、というやつだ。

もともと二階にあった文学書売場が、一階に移動して、広場も担当するようになったのは、店内改装にあわせてのことだった。改装や売場移動は私の在職中に何回か行われていて、記憶がちょっとあやふやなのだけれど、一九九九年十二月発売の『ハリー・ポッターと賢者の石』は二階で売った気がするし、二〇〇一年四月発売の『世界の中心で、愛をさけぶ』は一階で売っているので、移動はそのあたりのことだと思う（たぶん）。水色帯の方を覚えているから、もしかしたら二〇〇二年の記憶かもしれない。

水色帯というのは、片山恭一《かたやまきよういち》さんの『世界の中心で、愛をさけぶ』に掛けられた、ふたつめの帯だ。「ダ・ヴィンチ」二〇〇二年四月号掲載の俳優・柴咲《しばさき》コウさんによる書評から、「泣きながら一気に読みました」という文章が抜き出され、惹句《じゃっく》として使われた。これが素晴らしい追い風となり、本書は二〇〇三年になって百万部を突破する。さらに映画化され、映画がヒットすることでさらに話題となり、舞台化、ドラマ化ととどまるところを知らず、「セカチュー」の愛称で社会現象となるのだ。

この物語は、朔太郎《さくたろう》の現在と、回想による思い出の時が、交互に語られる。恋人アキを喪《うしな》い、失意の底にいる朔太郎が思い出すのは、アキとの出会いだ。初めて同じクラスになったのは、中学二年のときだった。共に学級委員をつとめ、ゆらゆらと親しくなり、二人の仲は高校生になって恋人へと変化する。交換日記、あじさい、啄《ついば》むように繰り返すキス、無人島の夜。登場するアイテムもシチュエーションも、決して奇抜ではなく、初々しいのにどこか懐かしい。やがて病魔がアキを襲い、二人の未来を奪っていく。

「泣ける純愛」という評価が多く、つい若い二人の恋や、死別の悲劇が話題になってしまう作品だ。でも、朔太郎が悲しみと折り合いをつけるまでの、心の揺れ動きもまた、大事な読みどころだろう。空を塞《ふさ》いでいた厚い雲が、ゆっくり薄れていくような、物語の終盤。読み終えたときに、ふと単行本の表紙を見返すと、「なるほど」と唸《うな》ってしまう。カバーに使われている写真が、まさにそういう風景なのだ。

この本の売れ行きが目立ち始めたとき、私は何より表紙が気になっていた。灰色の雲間から覗《のぞ》くわずかな青が印象的で、全体的には曇天《どんてん》なのに、なぜか晴天として記憶に残る。ページをめくると、写真家の名前が書いてあった。川内倫子《かわうちりんこ》さん。『世界の中心で、愛をさけぶ』と同じ二〇〇一年に、初写真集『花火』『うたたね』『花子』を三冊同時刊行し、翌年には木村伊兵衛《きむらいへい》写真賞を受賞した方である。

あの頃、片山さんの小説と川内さんの写真集を、並べて売る書店も多かった。当時の私は「カバーの写真まで話題になるなんて、セカチュー人気恐るべし……」と思っていたけれど、川内さんは川内さんで、注目の人だったわけだ。

私が『世界の中心で、愛をさけぶ』を思い出すとき、必ずこの写真がセットになっている。

さて、店の中でも「広場」に限らず、棚前だろうがバックヤードだろうが、レジだろうが階段だろうが、恋はポコポコ生まれている。書店員同士はもちろん、書店員と取次社員とか、書店員と出版社営業とか、要するに職場恋愛、職場結婚のおめでたい話はよく飛び交っていた。お客さんに口説かれたケースもいくつか知っている。

恋は生まれるのだ。生まれる人のところには。

私はといえば、お客さんからぶつけられたことがあるのは、情熱ではなく、紙つぶてだった。一階のバックヤードへ戻ろうとしたとき、背中に向かって丸めた紙を思いきり投げつけられたのだ。跳《は》ねて落ちたそれを後輩たちが拾った。

「……ねえ。何か数字が書いてある」

と、一人が中を開いてみせた。

「電話番号っぽい」

「もしやナンパでは」

「ナンパだよ、ねーさん！　やったね！」

ええい！

こんな果たし状みたいなやり方、ねーさんはナンパと認めませーん！

仕入名人は電波を受信する

どんな業界でも、先を見越して商品を仕入れるには、データだけでなく経験がモノを言う。私が勤めていた紀伊國屋《きのくにや》書店新宿本店の仕入課には、昼間《ひるま》さんという、知る人ぞ知るベテラン社員がいた。新人の初めての本でも、必要と判断すれば最初からドカンと仕入れるし、何かあったときの追加発注がべらぼうに早い。一体何を見て、どう予測したらそのタイミングで動けるのか。昼間さんに訊《たず》ねてみても、「天からピピピッと電波が来た」などと言って肝心のところは口を割らない、謎すぎる仕入課の主、職人オブ職人だった。

新宿本店では、売場で必要な本は売場担当者が発注するのが基本だった。仕入課は店全体に

『名探偵の掟《おきて》』
東野圭吾
講談社
（1996年２月単行本、1999年７月文庫　発売）

気を配り、大口発注や売場のフォローをする。だから仕入とは仲良くして、凄腕《すごうで》職人にたくさん頼りなさい、と先輩社員たちは口を揃《そろ》えた。新人だった私は素直にアドバイスに従い、初っぱなから怒鳴りつけられる羽目になる。

忘れもしない、一九九四年のことだ。人気絶頂の音楽ユニット・ＴＭＮが活動終了を宣言し、嘆いたファンたちが、続々とＴＭＮの本を買い始めた。私は書店員として初めて棚を任されたばかり。担当したのは芸能人の本を集めた「タレント棚」だった。

こういうときどれくらい発注すればいいのかわからず、誰かに相談するという発想すらないまま、連日ちまちまと注文を出し続けた。すぐにその数ではもたなくなり、やがて、重版を決めた出版社からＦＡＸで注文用紙が届く。

昼間さんのところに行きなさい、という先輩の指示に従い、私は注文用紙を持って仕入課へ出向いた。差し出した紙を、昼間さんは無言でひったくり、私の目の前でビリビリに破り捨てた。

「今頃こんなの持ってきやがって！　遅いんだよ！」

頭が真っ白になるとはこのことだった。届いたばかりの書類をすぐ持ってきたのに、何が遅いのか、なぜ怒鳴られるのか、さっぱりわからなかった。今思えば、出版社にまだ在庫がある時期をみすみす逃してしまったのだから、「遅い」以外のなにものでもないのだけれど。当時の私にとって、昼間さんはただ、無闇におっかない人として刷り込まれてしまったのだ。

その後も「遅い」と怒られることは多かった。私個人が怒られることもあったし、売場全体に対するもどかしさがトゲトゲと噴き出すのを、流れ弾のように浴びることもあった。言われることは常に同じだった。

「本が足りなくなってから発注するんじゃ、遅いんだよ。世の中にどれだけ書店があると思ってる。一分でも一秒でも早く動かなかったら、競り負けるよ」

おかげで、「本の発注は少しでも早く」と、それだけは強迫観念のように身に染みついた。

早めの発注という点で、私にとっては大事な本がある。一九九六年に刊行された、東野圭吾《ひがしのけいご》さんの『名探偵の掟』だ。

本格ミステリの定石を逆手に取った、メタな作品の並ぶ短編集である。探偵役の天下一大五郎《てんかいちだいごろう》も、間抜けな警部役の大河原番三《おおかわらばんぞう》も、自分が「小説内の登場人物」だということを自覚していて、作者のやり方に頻繁にツッコミを入れる。もちろん、本格ミステリのお約束はこれでもかと揃えてくるし、案外「なるほど」と思う結末も用意されている。気軽に読んでよし、お約束を知っていれば何倍もニヤニヤできる、サービスてんこ盛りの一冊だ。

今でこそ東野さんはベストセラー作家だけれど、当時はまだ目立つ人ではなかった。一定のファンが買ってしまうと、そこで動きが止まってしまう。でも、『名探偵の掟』は発売されてからずっと、妙に売れ続けていた。これはもしや、大化けするのではないだろうか。

売れそうな本の情報は早めに持って来いと散々言われていたので、私はさっそく昼間さんのところへお願いに行った。

「これ、仕入で発注して、保管しといてもらえませんか」

対する昼間さんの第一声は、「売れないよ」だった（東野さんスミマセン）。内容的にマニアックで、一般読者がこぞって買うようになるとは考えにくい、という。

その判断を覆すための冷静な説明が、私にはできなかった。ただ、売れると啖呵《たんか》を切って、勢いで粘った。売場で発注して万が一売り切れたりしたら、また何か嫌味を言われるに違いない。正直なところ、仕入に責任を押しつけたい気持ちもあったのだった。

結局昼間さんが折れて、少しだけ手配をしてくれた……と、記憶している。一旦巻き込めばこちらのもの。『名探偵の掟』はその後『このミステリーがすごい！』で三位にランクインし、吉川英治文学賞の候補にもなった。


この一件以来、昼間さんの対応が明らかに変わった。話を持っていっても無下にされることがなくなった。聞く価値のあることを言っていると、評価してくれたのかもしれない。相変わらず炸裂《さくれつ》する嫌味と、擬音交じりのご機嫌な雑談の合間に、「なるほど」と思う話が交じり始めた。

教わったことはたくさんある。テレビと新聞には毎日目を通すこと。ワイドショーも確認すること。文学賞は審査員の顔ぶれに注意すること。ひとつの話題で関連本を集めるときは二、三種類に絞ること。思ったように売れなくても、あと一歩踏みとどまること。

「売場の人は発注遅いくせに、諦めるの早すぎなんだよ。いつも動き出す前に外しちゃう。あと一歩、粘りなさいよ」

そう言って、売場担当が返品しようとした本を掬《すく》い上げ、仕入課の棚にそっと溜《た》めておくのだ。その在庫に何度助けられたことか。

一体どういう目を持てば、発注のタイミングや粘るべきタイミング、手を離してもいいタイミングが見極められるのだろう。様々な「基本」の積み重ねなのだとわかっていても、唖然《あぜん》とすることはしょっちゅうだった。質問したところで、大抵は「頭にピピピッと来た」という、例の適当なセリフが返ってくるばかりだ。

ただ、一度だけ、「ストーリーを作ることだね」と言い出したことがあった。

「この本は誰が書いて、どんな人が読むのか。この本を好きそうな書評家は誰で、どこの書評を担当しているか。どんな賞の候補になりうるか。審査員は誰で、この作者を今までどのように評価してきたか。売れ行きが伸びるのはいつか、その頃出版社に在庫はあるか。逆算して、何冊発注しておけばいいか。ひとつひとつ、先の売れ方のストーリーを考える」

こちらに背を向けて在庫を整理しながら、独り言のように、聞かせるともなく呟《つぶや》いている。

私の全身にざーっと波が走った。待って。これ今、ものすごく大事なこと言ってる。職人が手の内を明かしている。

「既刊の売上データを見るのは最後だよ。最初に見たら、引きずられて判断が揺らぐよ」

うわあ……。

すべての本にそれをやるのか。なーにが「電波でピピピッと届いた」なものか。積み重ねたデータと経験による、緻密な分析の結果じゃないか。見習って真似《まね》しようにも、あの域に到達するのは並大抵ではない。熟練の技というやつだ。

ある版元の人が、「表に出ない部署で活躍してるベテランの話も、聞き取って残しておけるといいですよね」と言っていたことがある。本当にそうだ、と思う反面、昼間さんにそういうインタビューをしようとしたら、やっぱり「ピピピッ」と言って逃げられてしまう気もする。何しろ人前に出て、持ち上げられるのが大嫌いな人だったから。

昨年、ついに書店を勇退されたと聞いた。そんなわけで、縁の下ならぬ書店の地下で一時代を支えた人の話を、私が勝手に書き残しておく次第である。

あの人のオススメ本が欲しい

『教団X』
中村文則
集英社
（2014年12月単行本、2017年6月文庫　発売）

何か面白い本ないかなあと探すとき、人はどんな情報を頼りにするだろう。作家名やあらすじはもちろん、表紙や帯、広告だって気になるところだ。そして何より、まわりの人に聞くのではないだろうか。

「ねえ、最近のオススメ本って何？」

口コミ、である。

身近な友達が薦《すす》めてくれる本、憧れの先輩が読んでた本。ツイッターやTikTokといったSNSで話題になる本も、口コミのひとつだろう。著名人がテレビで紹介する……となると、口コミより広告効果という気もするけれど、「あの人が紹介していた本」「あの人が読んで面白いと言っていた本」というのは、間違いなく人の印象に残る。

　今はテレビより動画配信を見るという人も少なくない。でも、私が二十代、三十代だった頃はまだ、話題元としてテレビは最強だった。もし事前に、どこかの番組で本を紹介するという情報が入れば、私たちも番組をチェックした。誰が、どんなふうに本を紹介するか、自分の目で見て「面白そう」と感じたなら、それはきっと「売れる」本だ。心して発注しなくてはならない。

　店の休憩室にはテレビが置いてあったから、場合によっては業務中でも誰かがそれを見に行った。いつだったか新首相が書店で本を買った話がニュースになったときは、仕入課や新刊・話題書売場の社員たちがテレビの前に集まり、画面に映るわずかな表紙からタイトルを特定して、発注に繋《つな》げていたこともあった。

「それ口コミじゃないじゃん」と言われれば、まあそうなのだけれど、とりあえず店に来て「首相が買った本」という問い方をするお客さんは結構いるのだ。有名人が話題にした本は、本屋に行けばすぐわかると期待されている。私たちも、そういう本は抜かりなく揃《そろ》えてサッと差し出し、「やっぱり本屋に来るのが一番早いね」などと言われたいのである。

　テレビで本を紹介する、というと、私がまず思い出すのは二十年ほど前に放送されていた『ほんパラ！関口堂書店《せきぐちどう》』だ。番組まるごと本をテーマにしたバラエティ番組で、新刊・話題書を紹介するほか、芸能人の本を企画し、出版までの裏側を見せるというような、タイアップ企画も派手だった。

さだまさしさんの自伝的小説『精霊流《しょうろうなが》し』が発売されたときには、紀伊國屋《きのくにや》書店新宿本店で記念イベントを開催した。確か発売前日の番組内で、先着千人に限定CDを付けると案内したため、翌日倍以上のファンが詰めかけ、店が取り囲まれたのだった。

その後の番組だと、地上波では『王様のブランチ』ブックコーナーの影響力が目立つ。特にミステリ小説を紹介したときの反応が良かった。百冊、二百冊と用意してあった本が、一日二日でジュッと蒸発するように売れることも稀《まれ》ではなかった。BSでも本の番組が複数あり、こちらは視聴者の年齢層が高いのか、老いを語るエッセイや時代小説など渋めの本に反応が出ることが多かったと思う。

そして、テレビの広告力と本好きの口コミ……というか推しトーク力が、魔合体したような事例がある。二〇一五年六月に放送された『アメトーーク！』読書芸人第二弾。又吉直樹《またよしなおき》さん、若林正恭《わかばやしまさやす》さん、光浦靖子《みつうらやすこ》さんの三人が、それぞれ自分の推し本を語る回だ。これも撮影は新宿本店で営業時間外に行われた。テレビで取り上げたからといって必ずしも売れるわけではないけれど、取材対応した上司たちは、放送前にそれらの本を用意して軽く特設コーナーを作った。

いざ蓋《ふた》を開けてみたら、とんでもない騒ぎになった。特設コーナーの本が見る間に消えていく。中でも目立って売れていたのが、中村文則《なかむらふみのり》さんの『教団X』だった。奇妙な老人を中心にしたゆるい宗教団体と、性の解放を謳《うた》う閉じたカルト教団の対立を軸にした話だ。ふたつの団体には因縁があり、複数の男女が関わっている。彼らの事情が絡まり合い、やがてカルト教団は暴走を始め、国を揺るがす……という話である。

推薦したのは若林さんだったと思う。でも、又吉さんがまたそれを上回る熱量で絶賛していた。

「プロの作家にオススメの本を聞くと、この本を挙げる人が多い」

「十年に一回あるかないか」

実際に読んだ彼らが手放しに誉《ほ》めている。一体どれほど素晴らしいのだろう。彼らの熱意に呑《の》み込まれた視聴者は多かったのだと思う。

『教団X』は、ジャンルとしては純文学で、五センチはあろうかという特厚ハードカバー本だった。わかりやすいストーリーに共感しながらぐいぐい読んでいける……というタイプの本ではない、正直言って。それがテレビの影響でザクザク売れていくのだ。ジャージに金髪、サンダル履きの、いかにもヤンキーな兄さん方が、「オレ、本なんて読むの『ドラえもん』以来だぜ」と言いながら、分厚い『教団X』を買って行くのである。

私個人としては、本を読み慣れない人が、特厚の大作にいきなり体当たりするのも有りだと思っている。読みたいと思ったときが、その本の読み時だ。段階を踏んでレベルを上げていく、安全な読書だけが正解なわけじゃない。ただ、『ドラえもん』の次が『教団X』というのは、だいぶ段差があるのではなかろうか……。

あのときの兄さんが、強烈な読書体験でズガーンと頭を殴られ、その後本を読む人になっていたらいいなと思う。そういう例を、私は確かに見たことがあるので。

テレビで本が紹介されると言っても、内容に触れてもらわなくては、売上げはなかなか伸びていかない。でも、タイトルを言っただけで販売数に影響が出る、ビッグな人たちがいる。本に限らず、何の商品であれ、固有名詞のかけらでも出した途端爆発的に売れ始めてしまう最強有名人。

天皇家の方々である。

二〇一八年秋、皇后美智子《みちこ》さま（当時）が誕生日に際して発表された文書で、「読み出すとつい夢中になるため、これまで出来るだけ遠ざけていた探偵小説も、もう安心して手許《てもと》に置けます。ジーヴスも二、三冊待機しています」

と綴《つづ》られた。

ジーヴス！　翻訳小説を愛する人々にはよく知られている、P・G・ウッドハウスの人気シリーズだ。お人好《よ》しのポンコツ若紳士バーティと、どんな難問も「機略と手際」で解決する執事ジーヴスの活躍が楽しい、ユーモア短編の数々である。読書家が多い私のツイッタータイムラインに、にわかに黄色い声が飛び交った。美智子さま、ジーヴスお好きでしたか！　私もです！

お言葉がニュースで流れた瞬間、即発注に走った書店員は多いだろう。手軽に手に入るのは、文春文庫で出ている二冊の傑作選だ。でも「二、三冊」という発言からして、国書刊行会のウッドハウス・コレクションをお持ちの可能性が高い。さて、世間の反応はどっちに出るだろう？　いや、書店としてはとにかく、どっちも押さえておかなくては。

　結果的に、このシリーズはどれもよく売れた。二〇一九年三月の「週刊ポスト」の記事によると、文春文庫版は二冊で計十六万部を売り上げ、国書刊行会の全十四冊のシリーズも、計三万部の増刷をかけたということだった。積ん読本のタイトルを挙げただけで、この効果である。なるほど、普段できるだけ固有名詞を出さないようにお言葉を発するわけだ。注目度が尋常ではない。各種「皇室御用達」がブランドとなるのも頷《うなず》ける。

　「あの人が推してる本が読みたい」の、口コミ最高峰を見たのであった。

本屋で一番よくある事件

『配達あかずきん』
大崎 梢
東京創元社
（2006年5月単行本、2009年3月文庫　発売）
※文庫版のタイトルは『配達あかずきん 成風堂書店事件メモ』

書店で働いていると、本を題材にした本が目に留まりやすくなる。図書館や出版社、古書店、新刊書店、さまざまな場所を舞台にした小説やエッセイ、ノンフィクションが、たくさん出版されているのである。パッと思いつくところで、書店小説なら碧野圭《あおのけい》さんの『書店ガール』、図書館なら有川浩《ありかわひろ》さんの『図書館戦争』、古書店なら宮部《みやべ》みゆきさんの『淋《さび》しい狩人』や三上《みかみ》延《えん》さんの『ビブリア古書堂の事件手帖《てちょう》』、作家・出版社なら、三浦《みうら》しをんさんの『舟を編む』、宮木《みやぎ》あや子《こ》さんの『校閲ガール』、早見和真《はやみかずまさ》さんの『小説王』……と、枚挙に暇《いとま》がない。漫画エッセイとして、久世番子《くぜばんこ》さんの『暴れん坊本屋さん』や、本田《ほんだ》さんの『ガイコツ書店員　本田さん』も話題になった。

書く人も作る人も売る人も読む人も、本好きが多い業界だから、当然と言えるかもしれない。

中でも私が身近に思っていた作品のひとつが、『配達あかずきん』から始まる「成風堂書店《せいふうどう》」シリーズだった。この書店に勤める若手社員の木下杏子《きのしたきょうこ》と、アルバイト大学生の西巻多絵《にしまきたえ》が、店で起こる事件や謎を解き明かすミステリである。著者の大崎梢《おおさきこずえ》さんは、元書店員。そのためか書店の描写がとてもこまやかで、読みながらつい「あー、あるある……」と頷《うなず》いてしまうのだ。

書店で起きる事件だから、基本的にはそう大きなものではない。たとえば、本を探している老人から託された、意味をなさない言葉の謎。書店で恋をした学生が、相手から贈られたもので戸惑った話。店でなくした写真の行方。たまに、ささやかな出来事から派生して、物騒な事件が炙《あぶ》り出されることもある。

謎解きと同時に、書店内部のお仕事事情が見えるところが、このシリーズの楽しいところだ。取り置き本が見つからない、棚の本があらぬところにささっている、破れた帯はそっと外してなかったことにする……うん、わかるわかる。逆に、私がいた店とは事情が違うので、同じ書店業界にいるとはいえ「なるほどそんな仕事が」と感心することもある。

大崎さんは販売促進のためによく書店をまわって下さった。きっと抜け目なく、取材も兼ねていたのに違いない。現在、『配達あかずきん』『サイン会はいかが?』の短編集と、『晩夏に捧《ささ》ぐ』『ようこそ授賞式の夕べに』の長編、合わせて四冊が刊行されている。

私が勤めていた紀伊國屋《きのくにや》書店新宿本店でも、謎や事件はよく発生していた。ただ、杏子や多絵のように、こまやかに解き明かしてフォローすることは、あまりなかったと思う。何しろ、発生しすぎるのである。詐欺、脅迫、盗撮に偽造カードに放火未遂。漏水で下のフロアの棚が水浸しになったり、トイレに立て籠《こ》もられて、機動隊が駆けつける騒ぎになったこともあった。

中でも頻繁だったのは、万引き……窃盗事件である。全国の書店という書店、すべてに共通の「よくある事件」だと思う。

防犯カメラを設置し、店員、制服警備員、私服警備員などの巡回を行っても、ヤツらはこっそり、あるいは堂々と店の商品を盗んでいく。バレなければ構わないと親子連れで盗みに来て、小さい子供に当たり前のように盗品を持たせていた親もいた。

万引きした本は大抵転売される。以前は古書店に持ち込まれることが多かったが、昨今はメルカリなどWEB上のフリマで、個人間で売買しているようだ。時には、購入希望者の「注文」を受けてから盗《と》りに来ているらしいケースもあった。腹立たしいことこの上ない。屋上から縄《なわ》で吊《つる》してぶんぶん振り回してやりたい、と何度呪《のろ》ったことか。

本一冊の価格のうち、書店の取り分というのは大体二割だ。千円の本なら、書店に入るのは二百円。一冊万引きされるとまるごと店の損失なので、カバーするには五冊売らないと取り返せない……と、よく言われる。実際はここから光熱費や人件費といった必要経費を捻出《ねんしゅつ》するわけで、本当は五冊でも損失を埋められない。

転売が目的の場合、当然高く売れそうな本が狙われた。私がいた文学書売場だと、高額で珍しい本といえば、外国文学や文学評論の棚に多かった。大きな本を抜いた跡があったり、積み本が不自然に減っていたりすると、売れたのか盗られたのか、気を回す癖がついてしまった。

店では本を売るときにPOSシステムというレジを通すので、売上や店内在庫の数はほぼリアルタイムで更新されていく。棚から不穏な消え方をした本があれば、担当者はすぐにデータを確認する。「おのれぇぇぇ！」と呪詛《じゅそ》の叫びが聞こえてきたら、ビンゴだ。続いて防犯カメラの映像から犯人を割り出し、店内で共有する。少なくとも、今後の犯行は阻止したい。場合によっては盗られた本を特定し、被害届けを出す作業も発生する。これも地味に手間がかかって、腹立たしさが増した。

もちろん、現行犯で犯人が捕まることもあった。そういう場合は警察官が来店し、警備担当や店の管理職が対応する。私のような下っ端店員は、それを遠巻きに見るだけだ。

事件は頻繁に起こるけれど、成風堂書店の杏子や多絵のように、警察官の知り合いができる……なんてことは、なかなかないのである。

ただし、昔一度だけ、私自身が警察署まで出向いたケースがあった。万引き犯として捕らえた人物が、店で買ったと抵抗を続けており、取り調べが難航していたのだ。押収された本に関する情報を、私がたまたま覚えていた。

言って店を出た。

「一冊だけ、確かに売った記憶あります」

「それ、署まで来て証言してもらえませんか」

おお。それは行かねばなるまい。

当時の紀伊國屋書店には制服があった。私は制服のまま、「ちょっと警察行ってきます」と言って店を出た。

呼び出された先は新宿《しんじゅく》署である。指定されたフロアへ上がって、「この人でしたか?」と該当人物の顔を確認し、あとは別室で覚えていることをもう一度説明した。これを調書として残すのだという。調書の内容に間違いなければ、署名と指印。左右の指全部の指紋を、黒インクでペタリと押す。

私はミステリ読みのミーハー脳なので、密《ひそ》かに大興奮していた。

「これで私、悪いことできなくなりましたね」

ふふふ……と笑ってみせると、相手の刑事さんから、チチチ、と指振りで訂正が入った。

「それ言う人多いんだけどね。本式の指紋採取は、こう」

十本全部の指の腹と、指の横、親指下、手の平から横にかけてぐるっと。「悪いことした人のは、全部取るよ」だそうである。なるほど。本職の実演付きで豆知識を授かってしまった。

さらに帰りは、パトロールに出るという制服警察官二人組に、パトカーで店まで送ってもらうことになった。後部座席から身を乗り出して、我ながらキラキラした目で機器類を見つめているうちに、パトカーは店の正面に横付けされる。警察官に運転手よろしく扉を開けてもらい、

「ご協力、ありがとうございました」

と敬礼で送り出された。

書店員が、制服姿のまま、店の前でパトカーから降りてくるのだ。人目を引かないわけがない。あ、着替えて店出れば良かった……とここでようやく思い至ったけれど、後の祭りである。

目撃していた社内の人に、呆《あき》れ顔で聞かれた。

「あんた何したの」

何もしてませんってば。

応接室で聞いたお宝話

今月の新刊予定表を見つめ、そろそろあの本とか、あのシリーズとかが入ってくるな……と、棚の配分を考える頃、出版社から電話がかかってくる。

「著者とご挨拶に伺いたいんですが、ご都合いかがですか」

うふふふふ。

ありがとうございます。大丈夫です。来て下さるのでは、と期待しておりましたとも。

新刊が出ると、販売促進のために、著者が書店をまわってくれることがある。店で直筆POPを書いたり、サイン本を作ったりするのだ。どの店をまわるかは出版社が決め、事前に書店へアポイントを入れて巡回タイムスケジュールを組む。著者と編集者、時には営業や広報担当

『ビブリア古書堂の事件手帖《てちょう》4
～栞《しおり》子《こ》さんと二つの顔～』
三上 延
KADOKAWA
（2013年2月文庫　発売）

も一緒のちょっとしたツアーである。

店の方では、必要に応じて本の追加手配をし、お迎えする場所の確保や、対応する担当者の調整をしておく。ありがたいことに、私が働いていた店は著者来店がとても多く、日に二、三人重なることもしばしばだった。自分が愛読している作品の著者をお迎えすることだってあるわけで、小説好きにとっては得する仕事でもあった。

サイン本を作ってもらいながらどんな話をするかといえば、まずは新刊に関する情報交換だ。店からは新刊の売れ行きやお客さんの反応を伝え、著者と出版社からは今後の広告予定やメディア情報を教えてもらう（この情報はもちろん、著者が訪問できなかった店にも案内されている）。新刊を読み終えていれば、自分の感想も伝えた。そのまま会話が盛り上がると、少しホッとした。的外れなことを言って白けさせやしないかと、内心いつも緊張していたから。

……で、ここからは自慢話になるのだけれど。

時には創作こぼれ話を聞けることがあって、私はこれが大好きだった。編集者と二人三脚の取材旅行珍道中や、今苦労している次作の設定、冒頭を何度も書き直した話など、興味深い話を著者本人が目の前で語ってくれるのだ。楽しいに決まってる。最上級の役得である。

例えば横山秀夫《よこやまひでお》さんは、書かなかったセリフの話をしてくれた。『ノースライト』刊行時の訪問で、話題が過去作品に及んでいたときのことだ。『クライマーズ・ハイ』か『64』の話だったと思う。

「実はいかにも作中に使えそうな、いいセリフが降ってきていたんだよ。でも結局、何百枚と原稿を書いてもピタリとくるシーンが生まれなかった。ああ、この作品のためのセリフじゃなかったんだなって、入れるのを諦めたんだ」

だけどこういうセリフは、いつか必ず、別のところへ誂《あつら》えたようにはまるものだという。

「だから僕は、まだあのセリフを手放していない」

そう言って静かに拳を握りしめた。あまりの格好良さに、私は倒れそうになってしまった。

書かれなかったものの話は、ことさらに興味深い。


書かれなかったと言えば、もうひとつ、印象深く覚えている話がある。三上延《みかみえん》さんが聞かせてくれた、『ビブリア古書堂の事件手帖』四巻執筆時のエピソードだ。

「ビブリア古書堂」シリーズは、古書を題材にしたミステリだ。並外れた本の知識と洞察力を持つ店主・篠川《しのかわ》栞子と、本が読めない「体質」のアルバイト店員・五浦大輔《ごうらだいすけ》が、古書にまつわる厄介事を解決していく。古書の蘊蓄《うんちく》が、謎解きの柱としてガッツリ生きているところが、最高なのである。

謎を解き続けるうちに変化する人間関係も、読みどころのひとつだ。特に、シリーズを貫く動脈とも言えるのが、栞子と母・智恵子《ちえこ》の緊迫した駆け引きである。筋金入りのマニアである智恵子は、かつて古書のために家族を捨てた。母の行いを嫌悪しつつ、栞子は自らの中に共鳴する部分があることを否《いな》めない。智恵子が再び栞子の前に現れたのは十年後、やはり滅多に出会えない古書のためだった。……まあ当然、涙の再会になんかなるわけない。

　このあたりのいきさつが描かれているのが、『ビブリア古書堂の事件手帖』四巻。一冊まるごと、江戸川乱歩《えどがわらんぽ》がテーマの回である。

「調べ物がねー、めちゃくちゃ大変だったんですよ」

　店にサイン本を作りに来てくれたとき、三上さんはそう話してくれた。

「話の中に乱歩が使った原稿用紙が出てくるんだけど、これが市販品か、名入りの特注品か、判断つかなくて」

　おお。確かにありましたね、そういうシーンが。

　これから読む方のために、詳細を明かさないようふわーっと説明すると、四巻に登場するのは、「昭和初期に書かれた乱歩の直筆原稿らしきもの」だ。これが市販の原稿用紙に書かれているなら特筆することはないけれど、もし特注品で名が入っているなら、登場人物に言及させなければ不自然になる、ということらしい。

「乱歩は、昭和三十年頃には名入り原稿用紙の方をよく使うようになってるんです。それより前だと、市販の原稿用紙もいろいろ使ってる。じゃあ昭和の初め頃はどうなのか。市販品かなと思うけど、昭和八年に名入り原稿用紙で書いた作品もあって、一体いつから名入りを使い始めたのか、どう使い分けてたのか、調べても調べてもまったくわからなかった」

「で、結局どうしたんですか」

「専門家に聞きました」

旧江戸川乱歩邸（立教《りっきょう》大学江戸川乱歩記念大衆文化研究センター）で、学芸員に事情を説明し、アドバイスを受けたのだという。史実の確認というより、創作のための相談だ。結論として、作中の「直筆原稿」は、「市販の原稿用紙を使った方が自然」ということになった。

つまり、登場人物がそこに言及することはない。特別な描写を足す必要がない。

「あんなに大変だったのに、その苦労が、作品の描写には一行も反映されてないんだよね」

笑い話だ、と三上さんは言った。でも私にとっては、大層痺《しび》れる話だった。

膨大な調べ物と検証の結果、表面上は何も変化がないという結果だけ見れば、無駄骨という感想が出るかもしれない。でも、同じ空白であっても、ただほったらかされた場所なのか、熟考の末に意志を持って空けてある場所なのかで、大分違う気がするのだ。そういう小さな選択が重なって、作品全体が締まっていくのではなかろうか……と、一読者として勝手に信じている。

「結果的に書かなかった話」は、職人の手の内を明かしてもらうようなものだ。興奮しないわけがないのである。

「ビブリア古書堂」シリーズは、栞子編が七巻で一旦区切りを見せた。その後、家族が増えた状態で新たな物語がスタートしている。『ビブリア古書堂の事件手帖』扉子《とびらこ》編である。たっぷりと盛り込まれた蘊蓄も、本を置く隙を与えない繋《つな》ぎの上手《うま》さも相変わらずなので、未読の方はぜひ。

さて、著者来店とサイン本作成が終わると、今度はそれを売場に出す作業がある。サイン無しの本と交ざらないよう、ビニールパックしたり、特製の帯を付けたりするのだ。写真を撮ってツイッターに上げ、販売開始を案内することも多い。

一時期、私は著者から聞いた話をできるだけツイッターの案内文に盛り込もうとしたことがある。でも、これはさすがに難しくて長続きしなかった。今回ここで、少し長めに紹介することができて嬉《うれ》しい。もちろん、紹介できない話もまだあるけれど、それは私の役得ということで、ひとつご容赦を。

店内で著者ツアーが
すれ違うことも…
西コース
よっ!
あっ
東コース

狂気？　凶器？
レンガ本

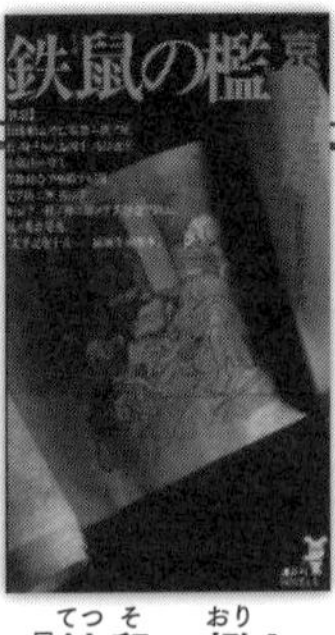

『鉄鼠《てっそ》の檻《おり》』
京極夏彦
講談社
（1996年1月ノベルス、2001年9月文庫、
2018年1月単行本　発売）

本を読むために休みを取ったことが二回ある。ひとつは二〇〇四年、綾辻行人《あやつじゆきと》さんの『暗黒館の殺人』発売のとき。もうひとつは一九九六年、京極夏彦《きょうごくなつひこ》さんの『鉄鼠の檻』発売のとき。どちらも、最初の講談社ノベルス版である。

私は読書スピードがとても遅いので、普段は諦めて少しずつ読むようにしていたのだけれど、この二作品はどうしても一気読みしたく、発売日にあわせて休暇を申請した。

『暗黒館の殺人』は嵐の中で孤立する館が舞台だ。私が読みふけっていたときもちょうど雨が降り、薄暗さと強い雨音が重なって最高の雰囲気だった。『鉄鼠の檻』は雪積もる箱根《はこね》の山中が舞台で、残念ながら読書中に雪は降らなかったものの、寒い冬の日に三日間、外に出ないどころかほとんど立ち上がりもせずに読み続けた。極楽である。さすが一気読みは満足度が違う。長い話ならなおさらだ。

総ページ数は『暗黒館の殺人』の方が多い。上巻六五八ページ、下巻六五八ページ。なるほど、分割せざるを得ないボリュームである。

一方、『鉄鼠の檻』は八二六ページ。こちらも分けた方が良さそうなページ数だが、著者の意向により、一冊でドンと出版された。

「弁当箱が入ってきた」

当時の仕入課や先輩社員たちがざわついた、伝説の一冊である。

単純に分厚い本というなら、以前から学術専門書などで見かけることはあった。でも、『鉄鼠の檻』は小説である。四六判のハードカバーで出たって目立つに違いない八二六ページが、新書サイズでご登場である。四角い。ものすごく四角い。

「これ、普通の新書より糊《のり》が強いんですよ」

出版社の人が教えてくれた。最初の製本試作品は、手の上で開いた瞬間パックリふたつに割れてしまったらしい。普通の糊では負けるのだ。慌てて特別仕様の糊に変更したという。

それほどの厚みの本が、待ち構えていた数多《あまた》のファンによって飛ぶように売れていく。

「よかろう。我々の手首に対する挑戦状だな」

先輩社員が腕まくりで補充を開始し、別の先輩は、「人を殴り倒せますね〜」と物騒なことを言って笑っていた。

辞書、弁当箱、レンガ、鈍器等のツッコミは、あの頃、書店員からも読者からもよく聞いた。最近はこういう極厚本を「レンガ本」と呼ぶことが多いようだ。レンガ本と言われたら真っ先にに京極本を挙げる人は、今でも多いのではないだろうか。

『鉄鼠の檻』は、『姑獲鳥《うぶめ》の夏』から続く「京極堂」シリーズの四作目である。

箱根にある旅館「仙石楼《せんごくろう》」の雪積もる庭に、突然僧侶の他殺死体が現れる。足跡はない。一体誰が、どうやって。調べを進めているうちに、今度は山中の古寺「明慧寺《みょうけいじ》」で、二人目の僧侶が殺された。成長しない振袖姿の迷子、見立て殺人、禅と悟り。事件の背景にある厄介なものに気づいた京極堂は、渋々、「憑《つ》き物落とし」に立ち上がる。

シリーズのどの作品も、妖怪の名で象徴される奇怪な事件が起こり、古本屋兼陰陽師《おんみょうじ》である中禅寺秋彦《ちゅうぜんじあきひこ》がそれを解き明かして「憑き物落とし」とする。京極堂というのは、彼の屋号だ。民俗学を中心とした蘊蓄《うんちく》の数々と、個性豊かな登場人物たちの活躍に、毎回脳が熱くなる。

一作目の『姑獲鳥の夏』は、著者の京極夏彦さんが、ちょっとヒマができたので書いて、何となく編集部に持ち込んだ作品だという。これがデビュー作である。あまりにも私の好みド真ん中で興奮していたら、半年しないうちにあっさり二作目の『魍魎《もうりょう》の匣《はこ》』が出て、第四九回日本推理作家協会賞を受賞した。さらに半年経《た》たずに『狂骨《きょうこつ》の夢』が、一年経たずに『鉄鼠の檻』が刊行される。厚みもすごいが、スピードも尋常じゃないのだ。

『鉄鼠の檻』が発売されたのは一九九六年一月だった。都内のいくつかの書店で、京極さんのサイン会が行われた。私が勤めていた店でも開催してもらう運びとなり、愛読者だった私は文字通り狂喜乱舞した。

当時のサイン会の告知といえば、ただ店頭にポスターを張るだけだったと記憶している。今なら自社のホームページはもちろん、ツイッターやフェイスブックなどSNSも活用するところだけれど、もちろんまだ存在していない。パソコン通信サービスのニフティサーブが盛況だったので、そこのフォーラムで情報交換されることはあったと思う。

とはいえ、基本的には口コミ頼り。それでも、『鉄鼠の檻』サイン会は満員御礼だった。

あの頃、紀伊國屋《きのくにや》書店新宿本店で大事な来客用の応接室として使っていたのは、ビル最上階にあるサロンだった。木製の飾り棚が部屋の一面を占め、絵画やソファアセットが置かれていた。元は会員のみ出入り自由の場所だったけれど、その役割はほぼ終えており、サイン会を行う際の作家の待機場所などに利用されていたのだ。

『鉄鼠の檻』サイン会のとき、私はここでお茶出し係をさせてもらった。「製本試作品が厚みに負けてパックリ割れた」という話は、確かこのときに聞いたのだ。後で京極さんと並んで写真を撮ってもらう際、変に間が空かないようぐいぐいと寄った結果、京極さんを弾《はじ》き飛ばしてしまったのは内緒の話である。

サイン会自体は、店内の通路で行われた。特に囲いのない場所なので、延々と見守り続けるファンもいる。通りかかった女性客が、「誰あれ。かっこいい」などと黄色い声を上げるのも聞こえた。そういえば、当時の京極さんは一部ファンの間で、「GLAYのTERU氏に似てる」と噂《うわさ》されていたのだった。

店のサイン会スペースについては、その後徐々に、囲いのあるクローズドな場所を使うようになった。幾度かの店内改装の後、サロンのあった場所はイベント専用スペースに作り替えられたので、変更がなければ今でもそこで、サイン会を行っているはずだ。

さて、「京極堂」シリーズの大ヒットを受け、原稿枚数上限規定なしのメフィスト賞が立ち上げられたことをご存じのミステリファンも多いと思う。枚数やジャンルなど、これまでの規定では振り落とされてしまう快作が、世の中にはもっと潜んでいるのではないかと期待したようだ。第一回受賞の森博嗣《もりひろし》さん『すべてがFになる』は、作風もページ数もスマートだったが、続く第二回受賞、清涼院流水《せいりょういんりゅうすい》さんの『コズミック　世紀末探偵神話』がまた、見事なレンガっぷりの怪作だった。確かに、既存の枠には、はまらなそうだ。

統計上どうだったかはわからないけれど、一九九〇年代の後半は、私個人が好んで読んでいたシリーズの影響もあって、何だかやけに重厚長大な作品が多かった印象がある。先に挙げた本以外にも、例えば竹本健治《たけもとけんじ》さんの『ウロボロスの基礎論』（ノベルス版で六七四ページ）や光文社カッパ・ノベルスで発売された笠井潔《かさいきよし》さんの『哲学者の密室』（上巻五六一ページ、下巻四三六ページ）などを思い出す。手にした瞬間武者震いの起きるようなヘビー級作品が、店にも自宅にも積み重なるのは楽しいことだった。

ちなみに、ノベルスサイズで出た「京極堂」シリーズは、文庫化（もちろん一冊なのでサイコロ化した）を経て、四六判ハードカバーの愛蔵版が発売された。綾辻さんの『暗黒館の殺人』もノベルスサイズのままハードカバー化され、黒い箱入りの愛蔵版になっている。どちらも限定版なので今はもう店頭で見つけられないと思うけれど、どこかで出会うことがあったらぜひ手に持って、殺傷力を増したレンガ本を手首で感じてみてほしい。

マレー鉄道と海外店の旅

二〇〇七年、当時一緒に働いていた同僚が、「遅ればせながら有栖川《ありすがわ》さんの『マレー鉄道の謎』を読んだんだけど」と言い出した。お洒落《しゃれ》でミーハーでオタク気質全開の、仲の良い同僚である。

「興味出て調べたらさ、マレー鉄道って、乗ると東南アジアの美少年がお茶注《つ》いでくれるらしいのよ。腕に白いナプキンをかけて、『ウィ、マダム』って」

「えっ、なにそれ行きたい」

「行こう。そして火村《ひむら》とアリスに思いを馳《は》せるのよ」

先に断っておくけど、『マレー鉄道の謎』に美少年がお茶を注いでくれるシーンはない。が、

『マレー鉄道の謎』
有栖川有栖
講談社
（2002 年 5 月ノベルス、2005 年 5 月文庫　発売）

まあそこはそれ。私と同僚は夏休みを合わせて旅に出ることにした。

『マレー鉄道の謎』は二〇〇二年に発売された、有栖川有栖《ありす》さんの人気シリーズのひとつだ。臨床犯罪学者火村英生《ひでお》と、作家有栖川有栖のコンビが謎を解く。「火村」シリーズとか、「作家アリス」シリーズと総称され、タイトルに国の名前が入っている作品群は特に「国名」シリーズとも呼ばれる。

学生時代の友人に会うためマレーシアを訪れた火村とアリスが、宿泊地であるキャメロン・ハイランドで死体を発見した。死体のある場所は密室になっており、自殺か他殺か判然としない。解決の道筋が見えないまま、火村たちの帰国タイムリミットが刻々と迫る。

大胆なトリックがあり、同時に、こまやかな布石が丁寧にちりばめられているミステリだ。終盤、その布石が次々と拾い上げられていくのがたまらない。理詰めの本格ミステリは、一度読んでビックリした後に、作者の企《たくら》みを確かめながら辿《たど》り直す楽しみがあるのだけれど、有栖川さんの作品はそのお手本のようだ。

『マレー鉄道の謎』が発売されたときの売れっぷりと、周囲の有栖川ファンの狂喜乱舞はすごかった。大体一年に一冊くらいのペースで新刊が出ていたシリーズなので、三年の空白に、ファンはとても気を揉《も》んだのだ。でも、待った甲斐《かい》があった。この作品は翌年の、第五六回日本推理作家協会賞長編及び連作短編集部門を受賞している。

さてマレー鉄道に乗りに行こうと思い立った私たちだが、自力ですべて手配するのは無理そうだ。時間や予算の都合もある。そこで、マレー鉄道に少し乗り、いくつかの観光地をガイド付きでまわって、シンガポールやクアラルンプールでは終日自由行動というツアーに参加することにした。

列車に乗り込むのはシンガポールの駅からだった（二〇〇七年当時）。『マレー鉄道の謎』で、火村とアリスが辿ったのとは逆方向からのスタートだ。国境を越え、熱風を掻《か》き分けて列車は走る。私たちは扉が開きっぱなしの乗降口に腰をかけ、足を外へぶらぶらさせて、土埃《つちぼこり》と椰《や》子《し》の林が延々と続く風景を眺めた。

「これ一度やってみたかったんだよねー。深夜特急ごっこ」

同僚の台詞《せりふ》には同意だけれど、『マレー鉄道の謎』と美少年の夢はどこへ行ったのか。……まあ、気にしてはいけない。列車の旅をご機嫌で満喫し、途中駅からバスでの観光を経て、当日のうちにクアラルンプールへ辿り着いた。

ここで私たちにはもうひとつ予定があった。当地に赴任している後輩男子に会う約束である。

私たちが勤めていた紀伊國屋《きのくにや》書店は、海外にたくさん支店を持っていた。シンガポールにも、クアラルンプールにも店がある。せっかく現地に行くのだから、見物に寄らない手はない。

マレー鉄道に乗る前に、シンガポール本店には行ってきた。広々としたワンフロアの店だ。通路幅が広くて、人が行き交いやすい。入ってすぐに英語の本が並ぶあたりを見たせいか、すっかり圧倒されてしまった。

クアラルンプールの店も、大きなショッピングセンターの中に入っていた。後輩男子は、ここに赴任していた。日本から来たので、と最初に案内してもらったのが日本語小説の棚だったと思う。それから中国語、他のいくつかの言語。マレーシアは中国系の住民も多いとのことで、中国語の本にスペースが割《さ》かれていた。日本の人気漫画が翻訳された棚があり、よく知っている表紙なのに文字だけ読めない。レジでは日本国内と同じカバーを掛けている。今自分がどこにいるのか、足元が覚束《おぼつか》なくなるような不思議な感覚に囚《とら》われた。

海外店だからもっと英語の本が多いようなイメージでいたけれど、現地で暮らす日本人が主な顧客層なので、必然的に日本語の本は多くなる。値段は日本国内の一・五倍〜二倍くらいだっただろうか。

「日本からの輸送が船便か航空便かで、本の値段が変わりますよ。だから、例えば週刊誌は、高くてもいいから早く読みたい人向けに航空便で仕入れる数と、遅くても気にしないから安く手に入れたい人向けに船便で仕入れる数を、それぞれ別に発注します」

「同じ本なのに二種類の値段が付くってこと？」

「はい。でも船便が着く頃には、航空便で入った分は最新号ではなくなっているので、値下げして価格を揃《そろ》えたりします」

そうか、海外店にはその手があった。

日本の場合、本は出版社が決めた通りの値段で売るというルールがある。でも、海外店にそのルールは適用されないので、必要なときは店の判断で値下げすることができるのだ。日本国内と事情が違う海外店のエピソードは、ささいな話ひとつでも面白い。

そういえば、これは昔、別の人に聞いた話だけれど、フランスのとある取次は倉庫を持っていないという。出版社の多くはパリに集中しているので、書店からの注文を受けた後取りに行っても間に合うから、らしい。しかもバカンス大国ゆえ、出版社によっては二ヶ月の夏休みを取る。日本からの注文がその夏休み期間にぶつかれば、取次は在庫を持っていないので、当然待たされてしまう。

「日本の書店としては待っていられないので、そういうときは在庫のある他国の取次を探します」

つまり、フランスの本をドイツの問屋で押さえ、シンガポールに送る……なんてことをするわけだ。

こういう手筈《てはず》を整えるのは、海外店舗の窓口になる部署だ。私たちはひとまとめに「海外本部」と呼んでいた。国内店舗で仕事をしていると、毎日「在庫を分けて下さい」というＦＡＸが届くばかりなので、正直オモシロクナイのだが、一度海外へ出ると、どんなに頼りになる部署か痛感するようだ。

「海外本部がなかったら、僕たちは仕事になりません」

クアラルンプールの後輩くんも静かに力説していた。なるほど。その場になってクリアに見えてくるものが、やはりいろいろあるんだな。

私も今回、ささやかながらハッとしたことがある。私たちが旅した時期は、ちょうどイスラム教の断食月《づき》（ラマダン）に被《かぶ》っていた。マレーシア人は約六割がムスリムだ。クアラルンプール店にもムスリムのスタッフがいて、彼らはラマダンの期間は昼食を摂《と》らずに働き、その分日没後に食事休憩を入れるという。後輩くんがごく自然に、「ラマダン用のシフトを組む」と説明してくれた。私にとっては知識だけだった宗教上の配慮が、急に当たり前の日常風景に感じられた瞬間だった。

実際に行ってみて、話を聞かせてもらうと、小さな「あっ、そうか」がいくつも溜《た》まる。それを日本での仕事にすぐ反映できたわけではないけれど、良い経験だったなあと思うのである。

ノーベル賞は突然に

二〇一二年十月。作家の選書フェアを開催すべく、せっせと準備を進めていた私に、売場の後輩から一報が入った。

「フェア用に確保してた本、課長に強奪されてましたよ」

なぬ？　ヒトの発注本を横取りするとは不届き千万。

「何持っていったの」

「『赤い高粱《こうりやん》』と『蛙鳴《あめい》』です」

「あー、莫言《モーイエン》かぁ……」

それなら強奪されても仕方がない。ちょうどこの本の著者が、ノーベル文学賞を受賞したと

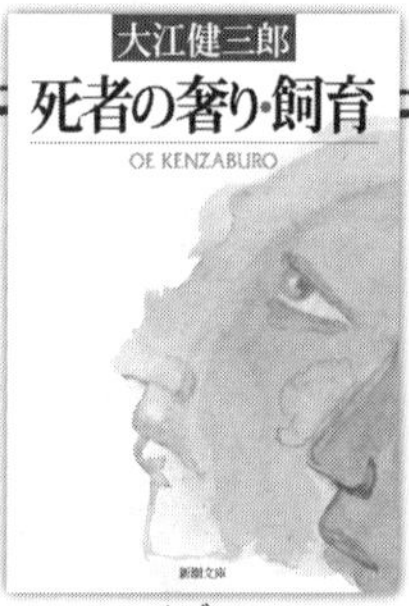

『死者の奢《おご》り・飼育』
大江健三郎
新潮社
（1959年9月文庫　発売）

いうニュースが飛び込んだところだったのだ。

ノーベル賞は毎年十月上旬頃、スウェーデンで発表される（平和賞のみノルウェーで発表）。化学や物理学、生理学・医学など六つの部門に分かれていて、そのうちのひとつが文学賞だ。特定の作品ではなく、これまでの活動を評価して、作家自身に授与される。二〇一二年は先述の通り、中国の作家莫言氏が受賞した。

遡《さかのぼ》って一九九四年には、日本の大江健三郎《おおえけんざぶろう》さんが受賞している。かの川端康成《かわばたやすなり》に続く二人目の日本人作家、二十六年ぶりの受賞ということで、報道も賑々《にぎにぎ》しかった。当然、売場でも特設コーナーを作ることになった。新人だった私はボンヤリと先輩の動きを見守るだけだったけれど、確か、最初から大展開ではなかった記憶がある。

何しろ急なことで、店に十分な在庫がない。前のときはどうだったか、とベテランが記憶を辿《たど》っても、二十年以上前では状況が違いすぎる。「大江作品は難解だから、読む人を選ぶと思う」という読書家な先輩方の意見もあり、最初は手堅い数で発注したようだった。また、紀伊《きの》國屋《くにや》書店新宿本店は当時、雑誌と文庫と文学とＣＤショップが二階にまとめて配置されていて、単純に場所も取りづらかった。

それでもテレビや新聞でニュースになれば、「どれ、ひとつくらい読んでみようか」と、お客さんは続々と店にやってくる。インターネットが普及する前の時代だ。テレビや新聞の影響力は今よりずっと強かった。仕入課がさらに強気で追加した本も、続々と入ってくる。結局、通路沿いの棚を二つ(四つだったかもしれない)大江さんの本で埋める大々的なフェアになった。

特設棚への補充を手伝いながら、「このあたりの本が売れ筋なんだな」と印象に残ったのは、『芽むしり仔《こ》撃ち』や『万延《まんえん》元年のフットボール』『性的人間』あたりだったと思う。そして何より目立っていたのは、『死者の奢り・飼育』だった。大江さんのデビュー短編集である。

表題作のひとつ、「死者の奢り」は、解剖用の死体を新しい保存水槽へ移し替える話だ。アルバイトの〈僕〉と、妊娠中の女学生と、管理人の男、三人で注意深く作業を進めるのだが、終盤思わぬ事態が発生する。

また、「飼育」では、捕虜として集落の地下牢《ろう》に閉じ込められた黒人兵と、少年である〈僕〉との、関係の変化が描かれる。獣を飼うかのように扱われる黒人兵に、〈僕〉は怯《おび》えつつ惹《ひ》きつけられ、興奮し、蔑み、しかし次第に慣れて距離を縮めていく。その変化は、〈僕〉個人のものであるけれど、人間が異質なものを受け入れる過程や、理不尽な暴力への恐怖や虚《むな》しさなど、普遍的なことをたくさん象徴しているようにも取れる。この短編は一九五八年に、芥川賞を受賞した。

一編一編に圧力のある作品集だ。短編ばかりの本だからと気軽に手にしてみたら、小型のブラックホールだった、という感じがする。ノーベル賞をきっかけに読んでみて、難しいと投げ出した人もいるだろうけれど、逆に呑《の》み込まれて抜け出せなくなった人も少なからずいるんじゃないだろうか。

大江健三郎はいつかノーベル賞を取る、と作家やその関係者の間では、以前から言われていたらしい。三島由紀夫《みしまゆきお》が、「次は大江くんだよ」と名指しした話は有名だという。

「でもほんとに受賞して、こんなにバカスカ売れるなんてねえ……」

人の密集する棚を見ながら、先輩がしみじみと呟《つぶや》いた。


まさかの騒ぎになったノーベル文学賞といえば、私がもうひとつ思い出すのは、二〇一七年、カズオ・イシグロ氏の受賞回だ。

近年はノーベル賞の発表もウェブ中継される。カズオ・イシグロの名が発表されたとき、待ち構えていた文学ファンたちは仰天した。いつかは取るかも、と期待されていた作家だけれど、今回受賞するとは思わなかったのだ。

海外にはスポーツや文化賞などあらゆるものを賭けの対象にするサイトがあって、ノーベル賞の時期には世界中の有力作家の名前が挙がる。店では毎回、翻訳小説や洋書の担当者たちが、この「順位」をひとつの参考に在庫を確保していた。二〇一七年のランキング上位に、カズオ・イシグロの名は入っていなかった。

日本国内で、当時カズオ・イシグロの本を一手に翻訳出版していたのは早川書房だ。彼らもまた、受賞の第一報を見てポカンとしたらしい。が、すぐに注文や取材の申し込みが殺到して嵐のような騒ぎになる。

もともと日本国内でも、安定した人気のある作家だった。私が勤めていた書店でも、『日の名残り』や『わたしを離さないで』などの代表作は、文庫棚で常に積みっぱなしになっていた。全国の書店で、それなりに在庫を持っていたのだ。それが、受賞発表後、一気に売り切れた。

「うわ……これ、重版どうすんの……」

書店員仲間がざわついたのは、日程的に間が悪かったせいだ。発表があったのは十月五日、木曜日の夜。金曜日に増刷の手配をしても、暦はちょうど土日祝と三連休だ。すぐにでも欲しい本なのに、逆にいつも以上に時間がかかりそうである。

ところが、実際には翌週半ばから各書店に本が入り始めた。通常ではありえないスピードだ。当時のインタビュー記事（「ブクログ通信」二〇一七年十一月十日）によると、十月十一日には書店へ届ける目標だったらしい。関係各所が、休み返上で踏ん張ったのだ。

通常、店に本が届くと、荷物を地下の仕入課に下ろして検品手続きを行い、それから各売場に振り分ける。でも、このときはあまりにも「カズオ・イシグロの本はないのか」という問い合わせが多くて、わずかなタイムラグすら惜しかった。検品用の機械を持った仕入担当者と一緒に荷受け場で搬入トラックを待ち構え、その場で必要な手続きを行い、本はそのまま売場へ運んだ。滅多にない騒ぎだった。

カズオ・イシグロ氏は日系のイギリス人作家だ。長くイギリスに住み、英語で作品を発表している。ただし生まれは長崎であり、ノーベル文学賞受賞の報道では、そのルーツが繰り返し取り上げられていた。そのため、普段翻訳小説はあまり読まない人たちも、国内作品に近い感覚で興味を抱いたらしい。「日本人が受賞したの？」と混乱して問い合わせる人も多かった。

ノーベル文学賞は作家個人の業績を讃《たた》えるものなので、国にはあまりこだわらないでほしいな……と思う。とはいえ、日本人作家や、日本にルーツのある作家の受賞で盛り上がり、嵐のように本が売れたのも事実。カズオ・イシグロ氏の場合、当時八冊出ていた翻訳本すべてが重版され、受賞発表からわずか五日ほどで計七十三万部に達した。

二〇二二年の各ノーベル賞は、十月三日から十月十日の間に発表される予定だという。さて、今年の知らせは、どんな嵐になるだろうか。

ニヤニヤしちゃう装丁本

本が好きな人の中には、自分で本を作ったことがある人も、結構いるのではないだろうか。プロとして商業出版している人、自費出版サービスを利用したことがある人、それから自力で印刷所に発注して、同人誌を作ったことがある人。

そういう経験があると、つい詳しくなってしまうのが印刷技術や紙の種類だ。素敵な装丁にも目がなくなる。本屋という仕事柄も相まって、私の周りには、その手の知識をふんだんに持つ人が多かった。

「表紙にイルミカラー使われると、ちょっと目がツライよねー」

「江戸《えど》小染《こそめ》をカバーに使った時代小説が出てさ。雰囲気いいんだけど、積むとめちゃくちゃ滑

『愛のシッタカブッタ
あけると気持ちがラクになる本』
小泉吉宏
メディアファクトリー
（1994年7月単行本　発売）

るんだよあの紙」

「うわ、これ帯に箔《はく》入れてる！　金持ち！」

なんて会話が、当たり前のように店内で飛び交う。

こういう紙好き、印刷好きの人たちが注目している、グラフィック社の「デザインのひきだし」という情報誌がある。毎号の特集に合わせて、紙や印刷、加工の見本が、これでもかとみっちり綴《と》じ込まれてくるのだ。私が印象深く覚えているのは、新しい特殊印刷加工を特集した三十号や、箱、袋、シールや包装紙など、包装に使う紙ものを特集した三十三号あたりで、本職のデザイナーだけでなく、趣味で本を作る人たちもこぞって買い求めて、大騒ぎだったのだ。

文芸書の担当だった私が、なぜデザインの専門書を覚えているかというと、文学書売場のレジが、ウェブで予約した本の受け取りカウンターを兼ねていた時期があったからだ。「デザインのひきだし」は毎回箱みたいな厚さだったので（三十三号は箱そのものだった）、時にはレジ内の一角を占拠して積み上がることもあった。

こんな紙があるのか、こんな加工ができるのかと「デザインのひきだし」を眺めながら感心しつつ、そういえば、と思い出した本がある。

一九九四年に発売された、小泉吉宏《こいずみよしひろ》さんのコミックエッセイ『愛のシッタカブッタ』だ。

この本の装丁が、実に異彩を放っていた。ネットで検索すると画像が見つかるので、興味がある人は写真を探してみてほしい。まず、半円形にカットされた青いカバーに、タイトルやブタのイラストが印刷されている。その下に、出版社名やバーコードなどが印刷された薄い橙色《だいだいいろ》の帯。そして本体表紙は、水色のダンボール紙なのだ。目に入った瞬間、「なんじゃこりゃ」と思わず手が伸びてしまう。

美術やデザインなどの専門ジャンルなら、凝《こ》った装丁の本も珍しくはないのだろう。でも、『愛のシッタカブッタ』は漫画であり、エッセイであり、心を見直す自己啓発の本でもある。それがまさか、こんなに攻めた装丁で出版されるなんて。発売当時、新人だった私は度肝を抜かれた。

『愛のシッタカブッタ』は、『ブッタとシッタカブッタ』から始まるシリーズの一冊だ。ブタのシッタカブッタが恋をして、舞い上がったり落ち込んだり憤ったり、ジタバタもがく姿が、四コマ漫画と短い文章でコミカルに描かれる。「どうして？　どうしてうまくいかないの？」彼のジタバタを追ううちに、読者もまた自分の心の裡《うち》を見直すことになる。どうして？　の問いは、自分を知る出発点だ。「あけると気持ちがラクになる本」という、サブタイトルに納得だ。

このシリーズは確か、早い段階で人気を得ていたはずだ。棚を担当していた先輩は、当初から「売れる本」として認識していた。

それが、あるときさらに、爆発的に跳ね上がった。正確にいつだったかは忘れてしまったけれど、テレビで紹介されたせいだったように思う。このシリーズの三巻目が、一九九九年に文藝春秋漫画賞を受賞しているので、そのタイミングで紹介されたのかもしれない。とにかく全国的にシリーズすべてが品薄になった。

当然、出版社はすべての本を大急ぎで重版する。続々と刷り上がり、続々と店に届いた……のだが、ひとつだけなかなか入ってこない巻があった。それが『愛のシッタカブッタ』だった。

「紙が確保できないらしいよ」

先輩が、出版社から聞いた話を教えてくれた。

「あの本、変わった紙だったでしょ。在庫があった分、使い切っちゃったらしくて。まあ、それだけバカ売れしてるってことなんだけど。紙自体も作ればいい、とはいえ、今のタイミングで重版できないのは惜しいね」

なんと……！　そんな落とし穴が発生していたとは。

しかもカバーは半円形の型抜きだし。普通の本より明らかに作業工程が多そうだ。人目を惹《ひ》いて売るための特殊装丁が、爆売れして逆にボトルネックになるとは、出版社も思っていなかっただろう。

このシリーズは後に新装版が出て、『愛のシッタカブッタ』も、他の本と揃《そろ》いの装丁になった。あの、凝りまくった装丁ではなくなってしまったけれど、シリーズで統一感が出て、こちらの方が好みという人もいると思う。売り時を逃したのでは、ともったいない気持ちになったのは当時のことだけで、シリーズはすでに累計二百五十万部を超えるベスト＆ロングセラーになっている。

特殊な印刷や加工を施《ほどこ》した本といえば、他には、伊坂幸太郎《いさかこうたろう》さんや石田衣良《いしだいら》さんなどが参加している恋愛アンソロジー、『I LOVE YOU』を思い出す。白いカバーにタイトル文字が切り抜かれていて、そこから書籍本体の黄色い縞《しま》が覗《のぞ》いていた。穴の部分がどうしても破れやすかったのだけれど、シンプルでポップで、今でも覚えている装丁だ。

それから、乙一《おついち》さんの『失はれる物語』も凝っていた。タイトル文字が雨で濡《ぬ》れたように滲《にじ》んでいる上に、水滴を模した透明なニスが乗せてあった。「本が濡れてます」と知らせてくれるお客さんもいて、店員側も「大丈夫です。あれ、印刷なんですよ」と説明しながら、ちょっとニンマリしたものだ。ちなみにこの本、開いてすぐの見返しに鏡文字があり、それが次ページのメタリックな遊び紙に映ると、正しい向きで読めるようになっている。細かいところまで凝った装丁だった。

素敵な紙を使っていたけれど、思いがけず困ったケースもある。とあるベストセラー作家の新刊に、手触りの良い黒一色のカバーが掛かっていた。この紙が、やたらと指の跡がつくのだ。どんなに気をつけても、触れれば即、指紋が残る。残る上に目立つので、ちょっとした犯罪の証拠写真である。

困ったなと思っていたら、出版社が急遽《きゅうきょ》、紙を変えてカバーを刷り直してきた。同じような意見が殺到したのかもしれない。

ベストセラー作家の新刊なので、在庫は山ほどあった。店員だけの作業ではとても追い付かず、出版社から営業チームがやって来て、地道に掛け替えていったのだった。

電子書籍がシェアを伸ばす昨今、紙の本の良さは何かという話題がよく取り沙汰される。真っ先に挙がる答えは、大抵、「紙の本である」という存在そのものの魅力だ。考え抜かれた装丁の本は、手元にあるとうっとりする。

最近は、原価の高くなる凝った装丁は作りづらいという。世界情勢の煽《あお》りで原材料費や輸送費が上がり、そもそも必要な紙が確保できない、なんて悲鳴も聞こえてくる。おお、紙よ、紙よ。しょっぱい顔で嘆きあうより、ニヤニヤしながら紙を選ぶ状況が、早く戻ってきますように。

ケシカラン本をめぐる攻防

『バトル・ロワイアル』
高見広春
太田出版
（1999年4月新書　発売）
※2002年7月に幻冬舎より文庫発売

年末最後の営業日、十二月三十一日のことだった。近くの繁華街で働いているおネエさんが、「おたくで買った本の内容がおかしい」とクレームを付けに来た。手にしていたのはとある女性歌手のファンブックで、彼女の生い立ちを記した年表の一部が間違っているという。

「正しい本に取り替えて」

強い口調で要求されたものの、印刷物である以上、店にある在庫も出版社にある在庫も中身はすべて同じだ。交換しても変わらないですよ、と伝えてみたけれど、相手は全然引き下がらなかった。

何とかしなさいよ。出版社に電話してすぐ直すように言って。休みで繋《つな》がらない？　そっちの都合でしょう。間違った情報が流布《るふ》したらどうしてくれるの。……云々《うんぬん》。

そしてとどめに一言。

「本を売ってる以上、店にだって責任があるでしょう」

えー――。そんなこと言われましても。

この話をすると、「難儀だったね」と笑う人が多い。でも、これが例えば極端な論調の本だったり、エログロがきつい本だったり、真偽の疑わしい情報で多くの人を惑わせるような本だったりすると、著者や出版社だけでなく、書店を責める意見も案外簡単に飛び出してくるものだ。何でもかんでも売れれば良いというものではない。間違いがないかきちんと中身を確認して、ケシカラン本は仕入れない、店に出さない、その良識と責任が店にはあるはずだ、と。

ごもっとも……とはいえ、ではその「けしからん」の線をどこに引くのかというのが難しい。内容の間違いを速《すみ》やかに指摘できるような、優秀な目や頭を書店員皆が持ちあわせているわけではないし、常識で判断すべきとはいっても、世の中には人の数だけ正義や常識があるのだ。正反対の意見の間に立たされることは実によくある。

私が辞める前の年か、そのあたりだったと思う。政治的に対立しがちな派閥がそれぞれ、「あちらの派閥寄りの本に便宜《べんぎ》をはかるのはケシカラン」と店を槍玉《やりだま》に挙げてきたことがあった。片方が、もう片方の新刊本の内容を叩《たた》いた半月後に、別の書籍のプロモーションをめぐって、今度は叩く方と叩かれる方が逆転した。どちらも書店に「良識」を求め、ＳＮＳでは不買運動の声まで上がる始末。でも、両者とも自分の信じる派閥側の本は擁護するので、「良識」の中身が食い違っているのだ。

「間に書店挟まないで、双方河原に集合して、直接やり合ってくれんかのう……」

私としては、内心トホホな出来事だった。


私が働いていた頃、店では、「入ってくる本はすべて等しく店で売る」という基本姿勢で営業していた。「本屋が勝手に思想を押し付けてはいけない。必要か必要でないか、判断するのはお客さん自身であるべきだ」と、新人の頃、繰り返し教えられたものだ。

もちろん、何が何でも売り続けていたわけではなく、社会状況を鑑《かんが》みて棚から本を下げたこともある。例えば思い出すのは、一九九三年に発売された鶴見済《つるみわたる》さんの『完全自殺マニュアル』だ。自殺するための方法を集め、ひとつひとつ掘り下げて紹介したこの本は、発売時にサブカルチャー本として人気を集めた。「いざというときはこうすれば良いのだ」という究極の選択肢を手元に置くことで、逆に今を生きのびる支えになったという声は、当時からよく聞いた。実際、著者もそういう意図でこの本を執筆したとあとがきに記している。人によっては、お守りになる本だったのだ。

ところが、内容を表面的に捉えた人々が、ワイドショーなどで危険な本として取り上げてしまう。青少年の健全な育成上好ましくない本だと言って、やがて複数の都道府県がこの本を条例で有害図書指定し始めた。回収しろ絶版だと主張する声と、言論の自由の侵害だと闘う声が、あちこちでぶつかり合った。

早々に返品する書店もある中、私が働いていた店は結構粘《ねば》って置き続けていたと思うけれど、条例に関する検討が始まったときはさすがに店頭から一旦下げざるをえなかった。一方で、回収命令が出るまでは返品しなくていい、欲しいという人には売れという反骨の上司たちからの指示があり、しばらくの間、「問い合わせがあったときにバックヤードから出してきて手渡す」という地下取引みたいな売り方をしたのだった。

その後、この本は版元側が「十八歳未満の購入はご遠慮下さい」と書かれた帯を掛け、ビニールパックした状態で出荷するようになった。

さて、この『完全自殺マニュアル』を出したのは太田出版という版元なのだが、ここから出た本でもうひとつ、けしからん、いや傑作だ、の賛否両論で大騒ぎになった本がある。一九九九年に発売された、高見広春《たかみこうしゅん》さんの『バトル・ロワイアル』だ。

中学生四十二人が殺し合いをするという設定のこの作品、最初は日本ホラー小説大賞に投稿されたものだった。ところが、「とても不愉快」「こういうことを考えるこの作者自体が嫌い」など、散々な評を受けて落選する。選評によれば、小説として読ませる力があることも、出版されれば売れるだろうことも審査員諸氏は認めていたのだけれど、それでもなお「こういうものを書いちゃいけない」と全力で拒絶したのだ。

あまりの酷評っぷりは、かえって人の興味を惹《ひ》いた。太田出版の編集者が、創刊したばかりの自社雑誌で著者に呼びかけ、出版にこぎつける。

作品の舞台は、日本によく似た架空の全体主義国家だ。国家に逆らわぬよう、恐怖心を植え付けるためのプログラムとして、毎年ランダムに選ばれる中学三年生の一クラスが、最後の一人になるまで殺し合いをさせられる。主人公、七原秋也《ななはらしゅうや》の所属する三年B組も、このプログラムの対象に選ばれてしまった。

参加を止めようとする者、絶望し自殺する者、仲間と手を組んで防衛を試みる者。様々な反応を示す秋也のクラスメイトたち。当然、状況を受け入れて殺戮《さつりく》に走る者もいて、クラスの生存者は刻一刻と減っていく。そのサバイバルゲームの様子が、ことこまかに描かれる。

出版に至る過程と作品そのものの過激さで、『バトル・ロワイアル』は刺激的で面白い物語が読みたい若者を中心に、拍手喝采で迎えられた。同時に、良識を掲げる人々は案の定青少年の育成上よろしくないと目を三角にする。

二〇〇〇年十二月、この作品が深作欣二《ふかさくきんじ》監督によって映画化される際には、中学生どうしの殺し合いを映像化するなんてと、国会で取り沙汰される騒ぎにまでなった。結果、十五歳が主人公の作品なのに、十五歳未満は鑑賞不可という年齢制限がかけられてしまったのだ。

喧々囂々《けんけんごうごう》の渦の中、原作本は売れに売れ、百万部を軽く突破した。話題のヒット作はたくさん平積みするのが定石だけれど、この本はどこまで広げていいものかと、棚を担当していた先輩が補充のたびに唸《うな》っていた。

今、こういう過激な本が出たらどうなるだろう。サバイバルゲーム的な作品は、小説でも漫画でもよく見かける。もしかしたらみんな慣れてしまって、あれほどの大騒ぎにはならないのかもしれない。それともSNS全盛の世ならではの大炎上をするだろうか。

常識も、人々の許容範囲も、十年前、二十年前とは大きく変わった。自由度が増しておおらかになっているところもあるし、逆に昔のようには許されないことも多い。特に、差別やハラスメントについては、今の方が大分敏感だと思う。

けしからん本と、許容できる範囲の本、どこで線引きをするのかは、ひとつひとつ個別に判断するしかない。いくつもの正義、変化する価値観、簡単に白黒つけられない物事の曖昧な境目で、どこの書店も日々悩みながらバランスを取っているのだ。

売上データに熱視線

恋は突然訪れる。推《お》し本もまたしかり。

新刊情報は事前に知っていても、いざその本を目の前にしたとき、めくってみたときに、思いがけず背筋に電流が走ることがある。

朝井まかてさんの『恋歌』に出会ったときがそうだった。入荷してきた本をバックヤードで何気なく開き、そのまま目を離せなくなってしまった。

主人公は明治時代の歌人、中島歌子《なかじまうたこ》だ。ただし描かれるのは歌人になる前、登世《とせ》という本名で呼ばれていた頃の話。一途《いちず》な思いを成就させて江戸から水戸《みと》へ嫁いだ彼女は、幸せなときも束《つか》の間、夫が関わった天狗党《てんぐとう》の乱に巻き込まれる。

『恋歌《れんか》』
朝井まかて
講談社
（2013年8月単行本、2015年10月文庫　発売）

言葉の繋《つな》ぎ方がとても好みで、一行読むごとにテンションが上がった。既刊を何冊か読んだことがあるので、上手い人だというのはわかっていたけれど、いつも以上に滑らかで引き込まれる。序章の区切りに「舞い降りていたはずの着想は、その鱗粉《りんぷん》すら残さずに飛び去っていた。」という一文があって、その美しさに撃ち抜かれて、ようやく本を閉じたのだ。

「えらいこっちゃ。これは絶対、直木賞だわ」

理屈もへったくれもなく、確信した。恋に落ちるとはこのことだ。そして私は経験上、こういう直感が侮《あなど》れないことも知っている。

早速『恋歌』を買って帰り、遅読な私にしては記録的なスピードで読みあげて、改めて「絶対売らねば」と心に決めた。時代小説は私が担当していた棚ではないので、横槍《よこやり》を入れる形になる。本来の担当者に頭を下げ、新刊棚の担当者にも交渉して通路沿いの一角を確保した。暑苦しいPOPを書き、追加で取り寄せた分をまるごと棚に出すように多面積みにし、とにかく可能な限り推しまくった。

最初、『恋歌』は期待したような勢いでは売れなかった。推した以上簡単に諦めるつもりはないけれど、やはりやきもきしてしまう。

私は隙あらば平積みの前をうろついた。誰か立ち読みしていないか、積み上げた本が減っていないか。一冊分でも凹《へこ》みがあれば「売れたわね？」と鼻息を荒くし、今度は、補充をしようかまだ放っておこうかと迷い始める。平積みはまめに整えて平らに保つのが基本だが、多少凹みがあった方が人の興味を惹《ひ》きやすいという一面もあって、悩ましい。

棚の様子だけでなく、売上データもしょっちゅう確認した。紀伊國屋《きのくにや》書店には、ほぼリアルタイムで全店の売上や在庫数を確認できるシステムがある。ＰＯＳレジの記録と繋がっていて、データは五分に一度更新される。気になりすぎて、五分どころか四分くらいで、カチカチと画面をリロードしてしまう。

パソコンの前から離れられないと笑ったら、出版社営業や編集者の知り合いが皆、「わかります」と真顔で頷いた。

「我々もしょっちゅう、そのカチカチが止まらなくなります」

この全店データ、実は出版社にも有料で提供されている。契約してログインＩＤを入手すれば、自社本だけでなく、あらゆる書籍の売れ行きが確認できる。ひとつのＩＤにつきログインできるのは一人なので、社内で共有していると、頻繁に取り合いになるという。私が『恋歌』でカチカチしたように、編集者も自分の担当した本が出ると、カッと見開いたヤバい目つきで、カチカチ、リロードしてしまうらしい。リアルタイム売上の他に、日別、週別、どこのフロアで売れたか、購買層の男女比や年齢層など、いくつものデータが算出されている。「これがないと仕事にならない」とまで言う人もいた。

この有料サービスが始まったのは、一九九五年九月。Windows 95 が日本で発売された年で、インターネットが一般家庭にも急速に普及し始めていた頃だった。

当時はまだ、本に挟まっているスリップを回収して数えるという、昔ながらの方法が幅をきかせていた。オンラインシステムはすでに存在していたので、前日の売上数くらいはパソコンで見られたし、そういうデータが欲しい出版社は、自社分の売上数をプリントアウトしてもらうために店の仕入課を訪れる。店頭では、データで理屈を捏《こ》ねるより、ベテランによる職人判断の方が断然頼りになっていた。

　だから、販売データ（を見る権利）を売るというサービスの概要を聞いても、当時の私には重要性がまったくわからなかったのだ。「ただの売上データに、わざわざお金払う人なんている？」と、随分バカにしてしまった。

　今ならわかる。「ただの販売データ」にどんな情報が詰まっていて、どれだけの人がそれを欲しがるのか。あの時分に販売データを売ると言い出した会社の判断が、どれだけ先取りだったか。情報やデータを有料で提供するのは、今や当たり前の商売方法だ。

　システムを利用する出版社は着々と増え、あらゆる判断の参考に使われて、随分と存在感を増した。データへの信頼が厚すぎて、皮肉な現象が起きたこともある。

　昼のバラエティ番組で紹介されたという本の問い合わせが、夕方になって急に増えたことがあった。なぜ反応に時差が出ているのかと思ったら、どうやらテレビを見ていた奥様方が、仕事帰りに買ってきてと、旦那に連絡を入れているらしい。数冊しかなかった在庫は、すぐに店頭から消えてしまった。急いで出版社に電話し、まとまった数の発注をすると、受注担当の女性から露骨に嫌そうな声を出された。

「でもおたくの全店データでは、ぜんぜん売上立ってないんですけど」

あ……あたりまえじゃー！　在庫がなければ売上データは上がらないんじゃー！

データ上、在庫があるように見えているのも不審だったようだ。それはお客さんの取り置き分で、店頭には出ていないのだけれど。

まあ、変に前のめりな書店員が無責任に騒ぐのを、警戒したくなる気持ちはわかる。私自身、理詰めでものを考えるのが苦手だったので、過去にはきっと何かやらかしていたに違いない。

理詰めは苦手、データ活用も苦手とぶつぶつ言ってみても、仕事をする以上、会社のシステムを使わないわけにはいかない。そして、使い続ければ慣れてくるし、頼り方もわかってくる。データから先を読むという点で、我ながら良い判断だったなあと思うのは、爆発的に売れている最中の本を「追加発注しなかった」ケースだ。とある映画の関連本だった。絶対に売れると確信していたから、初回は山ほど仕入れた。案の定、発売直後に垂直跳びのような売れっぷりを見せ、すぐに重版が決まった。が、出来日《しゅったいび》がちょっと先だった。

固定ファンの間に行き渡った後は、急速にスピードが落ちるタイプの本だ。重版分が流通する頃には、今ほどの熱狂は期待できないだろう。チェーンとして一括発注するために本社が取りまとめている希望数は、どの支店も強気で、実際は持て余すんじゃないかと思われた。

これから売れ行きが下がるだろうペースを予測し、自店の在庫数を計算した。重版分を追加するのは得策ではない。私は発注ゼロの返事を出した。今現在は売れていて、多くの店が強気の発注をしている中、ゼロと回答するのは少しばかり勇気が要ったけれど、結果的に予想はピタリと当たった。

おお、理詰めで「退《ひ》く」判断ができるようになるなんて、私、なかなかやるではないか。売上の数字だけ見てて何がわかるっていうの、と生意気なことを言っていた小娘が、変われば変わるものである。

さて、理屈もへったくれもなく恋に落ちた『恋歌』はといえば、その後、直感通りに直木賞候補になり、第一五〇回直木賞を受賞した。もはや私がデータを睨《にら》んで心配する必要なんかない。それでもやっぱり、ことあるごとに売上データを開いて、ニヤニヤ、カチカチとリロードを繰り返してしまう。推し本が力強く売れるのを見るのは、いつだって気分がいいのだ。

本をよすがに記憶を辿《たど》る

『聖《さとし》の青春』
大崎善生
講談社
（2000年2月単行本、2002年5月文庫　発売）

年末に元同僚たちと会う機会があった。今は店を離れて別部署の仕事をしている、私と同年代の人々である。彼女たちから「本店は年末年始の二日間休みにするんだって」という話を聞き、ならば少しはのんびりできるのかなと古巣に思いを馳《は》せれば、そんなわけないでしょうと笑われた。休業日の二日間を使って、別館にあるコミック等の売場を本館八階へ大移動させるのだという。ああ、それはそれで重労働な。

「でも、店を休みにするだけ少しはマシなのかも」

「昼間普通に営業しながら、並行して移動作業とか、私らもよくやったよね」

「やったねえ。閉店後に人海戦術でダンボール運んで」

社歴の長い者同士、記憶を掘ればあれこれと昔の出来事が出土する。懐かしかったり、初耳だったりしながら、ふとわからなくなるのは「あれって、いつ頃の話だっけ？」である。

「改装何回もあったから、正確に覚えてないよ」

「雑誌売場が広がったタイミングで一度やって、あとテナントの退出でちょこちょこ動かして……」

記憶の鍵になるのは人員配置や周囲の環境、そして、何が売れていたかという本の記憶だ。

特に私は、周囲の人間関係を覚えているのが苦手なので、手掛かりはもっぱら本である。

「『鉄道員《ぽっぽや》』は二階の奥で売った記憶があるんだよね。で、『ハリー・ポッターと賢者の石』は二階の表側で売ってるから、このへんで一度売場移動してるはずなわけ」

検索すると、浅田次郎《あさだじろう》さんの『鉄道員』が出たのは、一九九七年。『ハリー・ポッターと賢者の石』は一九九九年である。

「あと、『聖の青春』は間違いなく二階で売ってるんだけど、同じ大崎《おおさき》さんの『パイロットフィッシュ』は一階で売った気がする」

『聖の青春』は二〇〇〇年、『パイロットフィッシュ』は二〇〇一年刊行だった。ということは、この間にひとつ大掛かりな店内改装があったわけだ。

書店の記憶をたぐるとき、たくさんの本を里程標《りていひょう》のように思い出す。中でも、大崎善生《よしお》さんの『聖の青春』は、個人的に特別印象深い。将棋棋士の村山《むらやま》聖さんについて書かれたノンフィクションで、私が初めて「衝動的に推《お》した本」だった。

新刊の仕分け作業をしながら、ふとこの本に手が伸びたのは、村山さんが亡くなったときの新聞記事を覚えていたからだ。全国紙の一面に、写真入りで大きく報じられていた。将棋の世界に疎《うと》い私には、その扱いの大きさが少し意外だったのだ。

本の表紙には、新聞で見たのと同じ写真が使われていた。長く闘病していたらしい。ざっと内容を把握するつもりでページを開いたものの、すぐにあちこちで目が捕まって読み飛ばせなくなった。

村山さんは将棋を指すために、鎮痛剤や解熱剤の使用を拒否していた。名人位を視界に捉《とら》え、さらに険《けわ》しい山を登ろうとしているところだった。薬を使えば意識が朦朧《もうろう》とする。そうなれば闘えない。ならば、薬は使わない。

気づけば私は、荷物の山を前にしてボロボロと泣いていた。一部分だけ読んで泣くなんて安易すぎると思いつつ、それだけこの本がすごいのだという興奮も手放せない。癖の強さと愛《あい》嬌《きよう》が、不思議に同居をしている人物だった。

自分で客観的な判断ができず、先輩に相談すると、「やってごらん」とひと声返された。「推すなら思い切り広げないと意味ないよ」と、十面以上積める販売ワゴンを空けてくれたのだ。初めて本を出す著者の、まだ一冊も売れていない本を、さっそく追加発注した。博打《ばくち》みたいな発注をしたのも初めてだった。

「知って下さい。村山聖という棋士がいたことを」……確かそんな言葉で、Ａ４判くらいの看板を作ったと思う。知って下さいも何も、私が無知だっただけで、村山聖は多くのファンがいる有名棋士だ。大崎さんも実は「将棋世界」という専門誌の編集長を務めた人で、そりゃ力のある文章を書くわけである。その後の売れっぷりはご存じの通り。『聖の青春』は新潮学芸賞も受賞し、ノンフィクション小説の名作としてずっと読み継がれている。

こうやって自分が熱を入れて売った本は、周囲の状況ごと覚えているものだ。『聖の青春』をいっぱいに詰めた販売ワゴンは、二階から三階へと上がるエスカレーターの手前に置いてもらった。当時はそこが人目に触れやすい一等地だった。本来の棚がどこだったかは忘れたのに、ワゴンの位置だけやけに覚えている。

「だからね、あの本を売ったときは間違いなく、文学書売場は二階にあったの。移動したのはその後なわけ」

というわけで、話は最初の改装に戻る。

私たちが勤めていた紀伊國屋《きのくにや》書店新宿本店は多層階仕立ての大型店で、テナントの出入りがときどきあり、そのたびに部分的な売場移動が行われていた。二、三年に一度は、店のどこかしらが変化していたと思う。記憶があやふやなのは、こういう事情もある。

稀《まれ》に、店全体を組み替えるような大掛かりな改装も行われた。内装工事や耐震工事などを伴うもので、工事は店を営業したまま進められ、売場の移動は閉店後に人海戦術で行った。フロア構成の変更があれば単純な入れ替えとはいかず、作業はとても複雑になる。私が経験した改装では、二階、五階、三階、一階と、複数の場所を半月から一ヶ月くらいずつ仮住まいして動いたことがあった。他の売場を正しい場所へ収めるための、ちょっとしたスライドパズルである。

さらに仮住まいの間は、元の売場と同じ広さの棚は得られない。各担当者は移動するたびに棚へ出す本を調整し、出せない分はダンボールに詰めて保管した。その保管分がまた膨大なので、私が新人だった頃の先輩たちは、売場バックヤードの他、地下倉庫や屋上階のエレベーターホールなど、ビル内のあらゆる場所に箱を積み上げて管理していたのだ。在庫の位置をパソコン検索するようなシステムはまだなく、手書きの管理台帳と担当者の記憶が頼りだった。在庫の問い合わせがあったら、ダンボールの山をひとつひとつ掘り返して探すしかない。

記憶頼みとはいっても、当時の先輩方は、自分の担当棚をまるごと暗記しているような猛者《もさ》揃《ぞろ》いだった。ダンボール山脈へ挑む前に在庫の在処《ありか》を訊《たず》ねれば、

「屋上倉庫の左奥から三列目あたり、下から二番目か三番目の箱」

などと、やたら詳しい答えが返ってきたし、実際目当ての本はそこにあった。

もちろん人の記憶なので、外すときは外す。そうなると、普段正確に覚えている先輩ほどムキになる。自ら駆け上がってきて倉庫内を捜索した後、

「〇〇ちゃん！　出てらっしゃい！　ここにいるのはわかってるのよ！」

と、ダンボールの山に向かってタイトルを叫んでいた。在庫に向かって語りかけるタイプの先輩も、そういえば一人や二人ではなかった。こういう人たちを書店員のスタンダードと思っ

て育ったけれど、今思えば、ちょっと濃すぎるメンツだった気もする。

ちなみにこのときの捜索本は、残念ながら出てこなかった。呼びかけてもダメな時はダメなのである。

先日、新しくなった古巣（変な言い方）を見に行ったら、オシャレな新刊台にオシャレな本が並んで、すっかり私の知らない店になっていた。

でもこの棚の裏側にも、新世代の面白苦労話が潜《ひそ》んでいるのだろう。私たちが経験した、人力検索や在庫発掘探検隊のようなローテクエピソードとはまた違う苦労話が。いつか現役世代がそれを思い返すとき、今オシャレに並んでいるあの新刊たちが、記憶を辿る里程標になるのかもしれない。

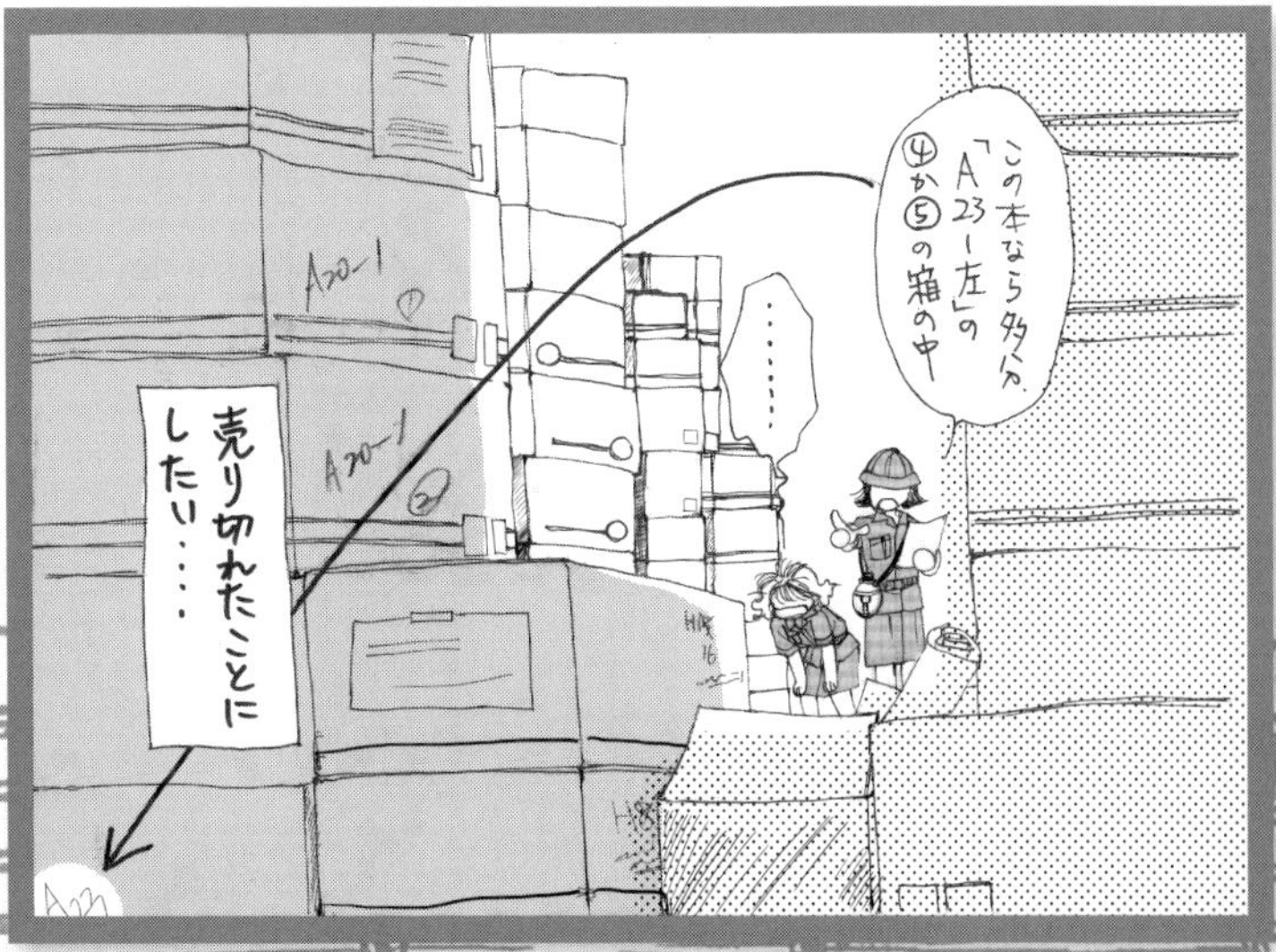

刀剣ブームに頭からドボン

『日本刀　妖しい魅力にハマる本』
博学こだわり倶楽部〔編〕
河出書房新社
（2014年8月文庫　発売）

二〇一五年一月のことだ。文庫売場の担当たちが、パソコンを見ながら「うわぁ」とどよめいていた。ツイッターに投稿した本の紹介が、瞬《またた》く間に拡散されているらしい。発信者の女子は頭を抱えている。

「私、試しにちょっと置いてみるつもりで……十冊しか取ってないんだけど……」

確かにこの反応量だと、十冊ではすぐ売り切れてしまうかもしれない。

『日本刀　妖しい魅力にハマる本』という文庫本だった。添えられたＰＯＰの写真もツイート内容も、私にはイマイチ意味がわからない。審神者って何。なんて読むの？

「さにわです」

別の文庫担当が教えてくれた。

「元は古代の神道で、神託を受けて広める人のことを言うらしいんですけど。『刀剣乱舞《とうけんらんぶ》』ではプレイヤーのことをそう呼びます」

数日前に始まった新しいゲームが、人気爆発中ということだった。

漫画やアニメ、ゲームをきっかけに、思いがけないジャンルの本が売れることがある。件《くだん》の担当が『日本刀　妖しい魅力にハマる本』を積んだのも、新しいゲームにハマった勢いで、のことだった。

『刀剣乱舞』は、二〇一五年一月十四日にサービス開始されたオンラインゲームだ。審神者（プレイヤー）は刀の付喪神《つくもがみ》を「刀剣男士《だんし》」という人の姿で顕現させ、歴史改変を目論《もくろ》む敵勢力と戦う。九年目に入った今もなお人気は衰えず、ゲームだけでなく、アニメ、舞台、映画に伝統芸能、博物館とのコラボなど、数多《あまた》の方向に広がりをみせている。

当時の店の公式ツイートを辿《たど》ってみると、ＰＯＰを付けた最初のツイートはゲーム開始から四日後、一月十八日に投稿されていた。さらに二十二日には追加した本が届き、二十九日には版元の河出書房新社が、新帯で順次出荷していると自社アカウントでツイートしている。「目印はこの帯だ！」と力強く紹介された新帯には、赤で大きく「審神者様、必携!!」の文字が入っていた。

実に清々《すがすが》しいほどの便乗っぷりだ。でも、嫌いじゃない。こういうときの前のめりな姿勢は、書店員的に大歓迎だ。
『日本刀　妖しい魅力にハマる本』は、ゲームをきっかけに初めて刀に興味を持った人が、最初の一冊として読むのに向いている。実物写真はないけれど、その分幅広い話題に触れていて、どの項も短文で読みやすい。刀の種類、名称、逸話、美術品としての鑑賞方法や手入れ、武将、刀匠、明治の廃刀令からＧＨＱによる押収まで、二二〇ページほどでざっくり把握できるのは優れものだと思う。

刀の入門書は他にも出ていて、当時皆よく売れていたのだけれど、この文庫の売れっぷりは群を抜いていた。買いやすいサイズなのに加え、いち早く「審神者」の名を挙げて飛び込んで来たのが効いた、と思っている。早々に平積みした店の担当者も、話題の波頭《なみがしら》に頭から突っ込んだ版元も、ナイス前のめり、だった。『日本刀　妖しい魅力にハマる本』は、その後も重版を重ね、現在累計十万部に達しているという。

当時の店内には他にも、初日からゲームを始めた審神者がたくさんいた。担当フロアを跨《また》いで集まり、きゃーきゃーと盛り上がっているので、本当にすごい人気なんだなあと感心して眺めていたら、いつの間にか結託してフェアをする話になっていた。コミックや歴史書など、それぞれの売場で専門コーナーを作りつつ、まとめて大きな催事もしたいらしい。作戦会議をすると言って、売場の管理職や店長、さらに本社のグッズ仕入担当者までが呼び出されていた。
グッズって、何を置く気だろう。刀剣乱舞のキャラクターグッズは、さすがにまだ出ていないと思う。観光地の土産物店で見かけるような、キーホルダーの類いだろうか。

答えは後日、朝礼で、売場の上司から告げられた。

「模造刀を売ります」

「……はい？」

「プラスチックのおもちゃじゃなくて、金属製の、より本物っぽい模造刀です。なので、販売するときは銃刀法の説明をする必要があります」

銃刀法、だと……？

厳密には、模造刀の場合、梱包《こんぽう》したものをまっすぐ家へ持ち帰るだけなら問題はないらしい。でも今回は、売る方も買う方も（多分）素人ばかりだ。店では「配送のみ」で販売する方針となり、お客さんにもそれを了承してもらわなくてはいけない、ということだった。

模造刀の販売を始めたのは、一月三十一日のことだ。催事スペースに鍵付きのガラスのキャビネットを設置して、その中に刀を展示した。手にしてみたいという人がいたら、店員が鍵を開け、検分している間そばに付き添う。若い女性が書店の真ん中で刀を抜くのは、なかなかお目にかかれない構図である。

フェアは連日、女性客で大賑《おおにぎ》わいだった。キーホルダーや栞《しおり》、箸《はし》、武将グッズなどが所狭しと並び、刀剣に関する本は端から売れていく。模造刀の売れ行きも予想以上で、フェアの会期中に何度か追加発注が必要になった。

注文書の刀剣一覧を睨《にら》みながら、上司が唸《うな》った。

「刀の名前も売れ行きも、まったく読めねえ……」

いやはや、本当に。


それにしても、一月十四日開始のゲームにハマってすぐに関連書を積み、本社を巻き込んで模造刀まで揃え、月末にはフェアを開始したというのは、なかなかのスピードだった。審神者チームの熱狂がエンジンになったのはもちろん、応じて動いた各部署も皆、仕事が早かった。突然「日本刀フェアをやりたい」と訴えられ、ゲームのことは何もわからないまま、責任の部分だけ引き受けてGOサインを出した上司陣だって、実は凄《すご》かったと思う。

素早く動くって、大事なことだ。特にオンラインの流行は、熱狂の頂点がすぐに移るから、様子を窺《うかが》い過ぎると波を逃がしてしまう。乗るなら早めに、日和《ひよ》らず、思い切り。それを目《ま》の当たりにした出来事だった。

ところで私は、当時まったくゲームをやらない人間だった。売場スタッフとして販売に関わりはしたけれど、ここまで盛り上がる理由がイマイチ摑《つか》めない。そんなに面白いんだろうか。人気すぎてサーバの容量が足りず、新規登録は順番待ちだと聞くけれど。

様子を見るつもりでゲームの公式ページにアクセスした日、たまたま新規登録に空きができていた。ならば登録だけでもしてみるかと、つま先を入れたのが運の尽き。まんまと足を取られて、頭から沼に落ちた。

ゲームを始めるとき、最初に近侍《きんじ》となる刀を選ぶ。私が選んだのは歌仙兼定《かせんかねさだ》という刀で、遊び方がよくわからないまま彼だけを頼りに延々とゲームを進めてしまった。他の男士と交代することもできると気づいたときにはもう、歌仙以外を近侍にするなんて考えられなくなっていた。自分の好みとはまったく違うタイプのひと（刀だけど）になぜこんなにどハマりしたのかと、首を傾《かし》げながら沼底で遊び続けて、いつの間にか九年目である。

今やメディアミックス、コラボ展示などで予定がみっちりのジャンルだ。興味のある部分だけ追いかけていても、一年があっという間に過ぎていく。何かを見に行った先でまた新たな興味の対象を見つけるので、沼底には横穴が増えるばかり。

でもおかげで今、毎日が楽しい。さて、今日は何して過ごそうか。

ツイッターで秘密結社

この連載を続ける中で、ずっと気になっていたことがあった。

「私、光文社の雑誌で書いてるのに、光文社の本取り上げてないんですよね」

「あれっ、そうでしたっけ」

担当編集さんがきょとんとする。肝心の光文社側はあんまり気にしていなかった。

できるだけ毎回違う話になるように、大型書店ならではの話になるようにと題材を選んでいたら、こういうラインナップになっていたのだ。もちろん、光文社の本が目立たなかったわけではなくて、例えば辞書を作る人々を描いて本屋大賞を受賞した三浦《みうら》しをんさんの『舟を編む』や、新刊が出るたび飛ぶように売れる大沢在昌《おおさわありまさ》さんの「新宿鮫」シリーズなど、華やかな

『スコーレNo.4』
宮下奈都
光文社
（2007年1月単行本、2009年11月文庫　発売）
※書影は文庫版

本はいくつも思いつく。面白いことをするなあと思ったのは坂木司《さかきつかさ》さんの「和菓子のアン」シリーズで、老舗《しにせ》和菓子店の若店主たちと作中のお菓子を再現し、デパ地下で催事販売を行っていた。饅頭《まんじゆう》やせんべいの間に本が並んでいる図というのは、なかなか愉快な光景だった。

もうひとつ、印象的な売れ方をした文庫がある。ツイッター上で書店員たちが手を組んで推《お》した、宮下奈都《みやしたなつ》さんの『スコーレNo．4』だ。

二〇一〇年五月初め、「ここに集う書店員で一緒に何かやれないかな」とツイートしたのは、まさむねさんというアカウント名の名物書店員だった。すぐに複数の書店員たちが、面白そう！　と手を挙げた。「書店員秘密結社」の結成である。

まずは参加表明した書店同士で、同じ本を推そうという話になった。今は目立たなくても、もっと売れるはずの本はたくさんある。

何にしよう。版元もノーマークの本がいい。でも複数の店で同時に推すのだから、ノーマークすぎて在庫がないのも困る。

飛び交う会話の中で、一人が候補を挙げた。

「宮下奈都『スコーレNo．4』でお願いします」

ああ、あの本はいいね、と実際に読んでいる人たちが賛成した。

半年ほど前に文庫化された本だった。今なら在庫はあるだろう。何より、もっと売れてほしい。

本が決まれば、共通の拡販材料が欲しくなる。POPや帯を揃《そろ》えたいと誰かが言い、別の誰かがすぐに、ウチで作ったやつを改良できるかな？　と見本画像を上げてきた。熱心な書店員が集っている分、案が出るのも検証するのもすこぶる速い。

私は途中からこの動きを目撃していた。面白いこと始めたなと思いつつ、実を言えば少しヒヤヒヤしていた。

大丈夫だろうか。万事すごい速さで決まっていくけれど、この速さは見ているだけで煽《あお》られる。よくわからないまま、とりあえず一枚嚙《か》んでおこうとする人も増えるだろう。てんやわんやの騒ぎは、仕掛ける側としては面白くても、版元側は悲鳴を上げるんじゃないだろうか。折しも、ゴールデンウィークの真っ只中《ただなか》である。

同じ事を危惧《きぐ》した人が、ここで冷静に口を挟んだ。連休中に、版元抜きで話が進んでいくことに一抹の不安を感じると。

「ぜひ成功していただきたいので、連休明けに光文社さんにきちんと話を通された方がいいと思います」

ごもっとも。ということで、まずは出版社に話を通し、その後改めて各店で発注を始めることになった。運良く、一連のやり取りを光文社の編集者が見守っていて、「いくらでもフォローします！」とツイートを投げかけてくれたのも心強いことだった。

不特定多数の、顔も名前も知らない人がいるＳＮＳ上の繫《つな》がりで、突発的に生まれた企画である。それでも、発案する人がいて、前向きに乗る人がいて、具体的な形を出せる人がいて、懸念を投げかける声も無視せず、すぐ舵《かじ》を切り直して実際に全国的な販売拡大に繋げてしまった。このスピード、この距離感の近さ。「すごい時代が来たなあ……」と、私はすっかり圧倒された。

私はといえば、この時点で『スコーレＮｏ．４』を読んでいなかった。宮下さんの他の本、『遠くの声に耳を澄ませて』や『よろこびの歌』は読んでいたので、日常の中の、揺らぎのような変化を掬《すく》うのが上手《うま》い人だというのは知っていたのだけれど。作家はいつでも同じものを書くわけじゃない。『スコーレＮｏ．４』自体がどういう作品か読んで向き合ってみないうちに、ミーハーに、商売根性だけで祭りに乗っかるのは、何だか不誠実な気がした。

何をメンドクサイこと言ってるんだ、と呆《あき》れられそうだ。本当に、自分でもそう思う。

大きな書店の目立つ売場に居続けてしまって、あの頃の私は、せめて誠実・正確であらねばとずっと気負っていた。本当なら私ではなく、もっと山ほど本を読んでいて、本への深い愛と冷静な判断力を兼ね備えた有能な人が担当すべき売場のはずだ。引け目は常についてまわった。適当なことはできない。しかも今回話題の『スコーレＮｏ．４』は文庫だ。担当外の売場へ乗り込んで行って話をするなら、なおさら読んでいないのは論外。そもそも私はまず自分の担当棚の本を読むべきではないのか。

……などと、ぐずぐず考えているうちに（ほんとメンドクサイ）連休は終わり、気づいたら店の文庫売場でもちゃんと『スコーレＮｏ．４』の面数が増えていた。文庫担当も仕入課も光文社の営業チームも、抜かりなく自分の仕事をしていたのである。当たり前の話だった。

そんなわけで、私が『スコーレＮｏ．４』を読んだのは、少し後になってからだ。

主人公の津川麻子《つがわあさこ》が、中学、高校、大学、職場と、四つの場で学びを得ながら、女性として成長する姿を描いた短編集である。スコーレというのは、学校（スクール）の語源となった言葉らしい。麻子は真面目で、少し自分に自信がなくて、才能や情熱を持つ周囲の人々に引け目を感じながら生きている。わかるなあと頷《うなず》きながら読んでいて、三つ目の短編「スコーレＮｏ．３」で、ついにギャッ！　と飛び上がってしまった。麻子、あまりにも私と同じことを言う。きみは私か。

商社へ就職してすぐ、修業として靴店へ派遣された麻子は、靴にまったく興味を持てないでいた。同僚たちの靴への愛に圧倒され、いつも心の目を伏せている。できれば自分も同じように、値段や品質を正しく見抜くより「デザインの良し悪《あ》しや、好き嫌いの方にこそ翻弄《ほんろう》されてみたい」と思うのに、そうすることができない。恋人に対しても、「愛したいのにいつもどこかがさめていて、それを隠したくてやさしいふりをしたり、はしゃいだり」してしまうのだ。

わ、わかる……！　私もずっと、そんな気持ちでいる。息をするように本を読む人たちには絶対届かない。愛が足りなくてすみませんと思いながら仕事を続けている。

ただし、この『スコーレＮｏ．４』を最初から読んでいれば、麻子が単純に「さめている」わけでないことなどわかりきっていた。彼女は真面目に考えすぎて、自制しすぎて、こじれている。麻子、メンドクサイ。でもそのメンドクサさ、ものすごく共感できる。参ったなあ。

　麻子はぐるぐる迷いながら、小さな気づきを重ね、最終話でついに穏やかな「期待」に辿《たど》り着く。遠回りをしたように見える場所は、すべて深いところで繋《つな》がって、麻子の足元を支えていた。

　派手な事件は起こらない。『スコーレNo.4』は、堅実でまっすぐな物語だ。だからたくさんの人が「私の物語」として愛し、応援したのだと思う。

書店員生活　最後の推《お》し本

降ったり照ったりと落ち着かない天気が続く頃、長年縁がある編集者の桂島《かつらじま》さんから、発売前の作品を託された。

「ぜひ、これを読んでみてほしいのです」

すでに何冊も文庫を出している人の、初めての単行本なのだという。しかも今まで書いてきたものとはジャンルが違う。読んだ人にどう響くのか、埋もれさせず世に出すためにはどうしたらいいか、あれこれ迷っているらしい。

「恋愛とも家族愛とも友情とも違います。名付け難い、でも、とても深い関係を築く話です」

『流浪の月』、凪良《なぎら》ゆうさんの新作だった。

『流浪《るろう》の月』
凪良ゆう
東京創元社
（2019年8月単行本、2022年2月文庫　発売）

凪良さんはＢＬ（ボーイズラブ）小説を書き続けてきた人だ。「美しい彼」という人気シリーズをはじめ、数多くの作品を生み出し、熱心なファンもついている。名前を出すだけでわかる人も多いはずだった。

でも、ジャンルが違えば読者層というのは面白いくらい違う。普段読まないジャンルで何が売れているのか、どんな作家が人気なのかなんて、大抵知らないものだ。ＢＬで人気があっても、一般文芸では無名の新人作家とあまり変わらない。

まあ、まずは作品の内容を確かめなくては。

そうして大きなゲラの束をめくって、私はすぐに物語にのめりこんだ。

上手《うま》い。上手すぎる。

『流浪の月』の語り手は、家内更紗《かないさらさ》という。父を亡くし、母に去られ、伯母《おば》の家に引き取られたものの、そこでは安心して過ごせない。十歳のとき、公園で出会った佐伯文《さえきふみ》の家で二ヶ月間を過ごしたのが「事件」になった。世間的に見れば、それは「大学生による女児誘拐」でしかなかったから。「かわいそうな被害者」のレッテルを貼られ、生きづらさを抱えたまま、更紗は十五年後、カフェを営む文と再会する。

ああ、これは確かに、恋愛とも家族愛とも友情とも違う。更紗と文の関係は、世の中にある言葉では簡単に名付けられない。でも、二人でいることがこんなに切実な関係もないと思う。どうか二人をそっとしておいてあげてくれと祈らずにはいられなくなる。

凪良さんの書き方自体は、理詰めで冷静なのも痺《しび》れるところだ。更紗が何を見てどう感じ、後にどう影響したのか、本格ミステリの謎解きよろしく因果関係をすべて追える。この緻密な書き方が、常識的には「ありえない」と否定される二人の難しい関係を成り立たせ、作中で納得させるのだと思う。

昔はＢＬも、何かと否定的な声を浴びせられがちなジャンルだった。そういう場所で説得力のある話を書き続けてきた人だ。そりゃあ筆力が鍛えられているわけである。

ジャンルを超えてきた作家の知名度は云々《うんぬん》……などと、賢《さか》しらなことを考えていたのが全部吹っ飛んでしまった。『流浪の月』は多分最初の滑り出しさえ一押しすれば、あとは簡単に読者から見つけてもらえる本だ。だって、読み終えた瞬間に絶対「すごい」と言いたくなる。実際私も、大変暑苦しい感想を送った。

後日、桂島さんがふらりと店にやって来た。仕事相手と待ち合わせをしているらしく、何やらいろいろ抱えている。そういえば、と彼はスマホを取り出した。

「この間読んでいただいた『流浪の月』、今、装丁の方を進めてるんですけどね」

ちらりと見せてくれたのが、実際の表紙に使われた、苺《いちご》アイスとテーブルの写真だった。タイトルも何も入っていない素のままの写真で、正直私は、あれれと思った。イメージがちょっと、違う気がした。

『流浪の月』を読み終えたとき、私が最初に思い描いたのは、青空や風に揺れるレースのカーテン、ソーダアイスのような爽やかなイメージだった。父と母、更紗の三人が一緒に暮らしていた明るい日々。あそこが更紗の原点のはずだ。物語ラストの解放感も重要だから、表紙にはやっぱり空が入っていてほしい。……なんて、勝手に連想を走らせていたものだから、画面いっぱいのテーブルという写真は、何だか視界が塞がれるように感じたのだ。

そう伝えると、桂島さんがもう一枚写真を見せてくれた。レモンのアイスキャンディーが並ぶ爽やかな写真だった。ああ、こっちの方がイメージに合う気がする。

「……なるほど。ありがとうございます」

どっちにするのか問えば、最初の写真でもう作業は進んでいるのだという。

発売が近くなった頃、表紙写真を見せてもらってびっくりした。タイトル文字が入っただけで、写真の印象ががらりと変わっている。これなら「イメージが違う」なんて全然思わない。

「写真だけでは判断できないものなんですよ」

デザインの面白さを垣間見た出来事だった。


二〇一九年八月下旬、『流浪の月』発売時に私が売場で打った手は、ただ目立つ場所に広く積んで、紹介文長めのＰＯＰを貼っただけだった。この頃にはもう、同じように先読みしたあちこちの書店員が、「こんな作家がいたなんて！」と絶賛の声を上げている。

大阪の店舗では、新刊発売の少し前から既刊文庫『神さまのビオトープ』を推し始めていて、こちらも併せて大盛り上がりだった。

「見つけた」「出会ってしまった」という発見感は、すごく強力な燃料になる。ジャンルを超えて初めての本を出す作家が、この燃料を得られると本当に強い。みんな、大いに「発見」されてほしいと思う。

ところで元からのファンにしてみれば、「発見だなんて失礼な」「何を今さら」と憤る話かもしれない。『流浪の月』を店頭で推すときに、私が少し迷ったのはここだった。著者略歴の紹介も兼ねて何か併売したいけれど、凪良さんがずっと書いてきたのはBLである。大々的に並べづらい。でも、新刊だけを持ち上げて一般文芸で大騒ぎすると、ずっと凪良さんを応援してきたもともとのBL小説ファンを置き去りにしてしまいそうで、不安だった。

逆に作家自身が、他のジャンルと混ぜてほしくないと言うこともある。凪良さんはどうだろう。発売後、サイン本を作りに店をまわってくれたとき、僭越《せんえつ》ながらこの点を訊《たず》ねてみた。BLは、書き続けますか、と。

書き続けます、と即答だった。ダメ元で用意しておいたBL文庫にもサインをしてもらい、店に出したらあっという間に売り切れてしまった。何だかとてもホッとした。

『流浪の月』なら本屋大賞、もしかしたら直木賞もありかもしれない。私は確信していたし、当然売場で全力応援するつもりだった。でも、十月になってふと「店を辞めよう」と思い立ち、そのまま実行に移してしまったので、私の目論見《もくろみ》は尻切れトンボになってしまった。

アルバイトで入社したときから数えると、二十五年以上になる（！）書店員人生の、最後の推し本が『流浪の月』だった。
この本は予想通り、第十七回本屋大賞を受賞する。凪良さんは第二十回の本屋大賞も『汝《なんじ》、星のごとく』で受賞した。こちらの予想のはるか上をいく活躍っぷりで、なんとも眩《まぶ》しいことだ。

さて、三年続けてきたこの欄も今回で終了です。大型店ならではの話題を、できるだけ毎回違う切口になるよう取り上げてきたので、紹介したくてもそのタイミングが作れなかった本や人、出来事がたくさんあります。皆さんありがとうございました。恵まれた書店員人生でした。

……と、遺言みたいな結びになってるけど、まだ！　生きてますので！　またどこかで楽しい本の話をしましょう。それでは！

あとがき

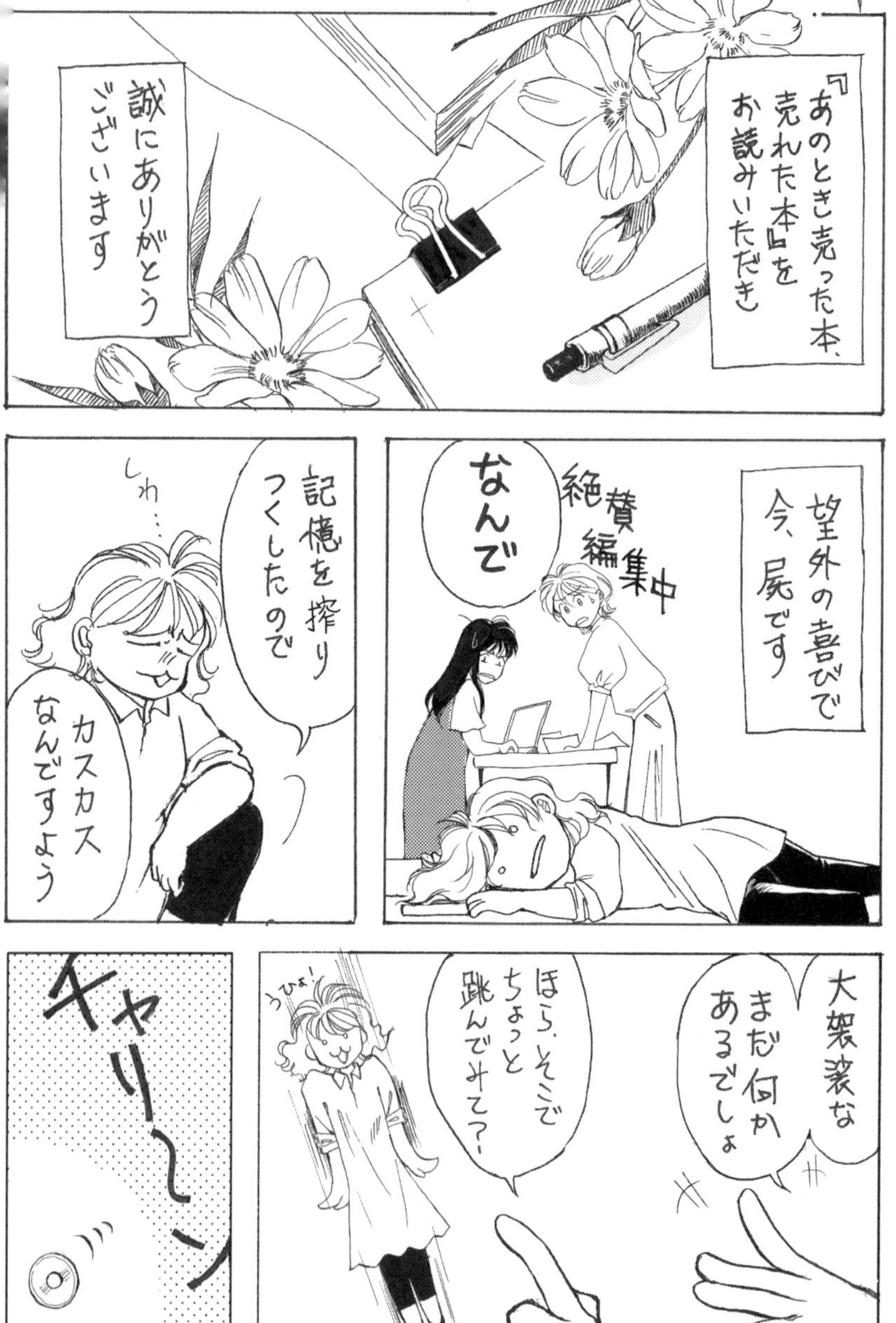
『あのとき売った本、売れた本』をお読みいただき
誠にありがとうございます
望外の喜びで今、屍です
絶賛編集中
なんで
記憶を搾りつくしたので
しわ…
カスカスなんですよう
大袈裟な まだ何かあるでしょ
ほら、そこでちょっと跳んでみて?
うひょ!
キャリ〜〜ン

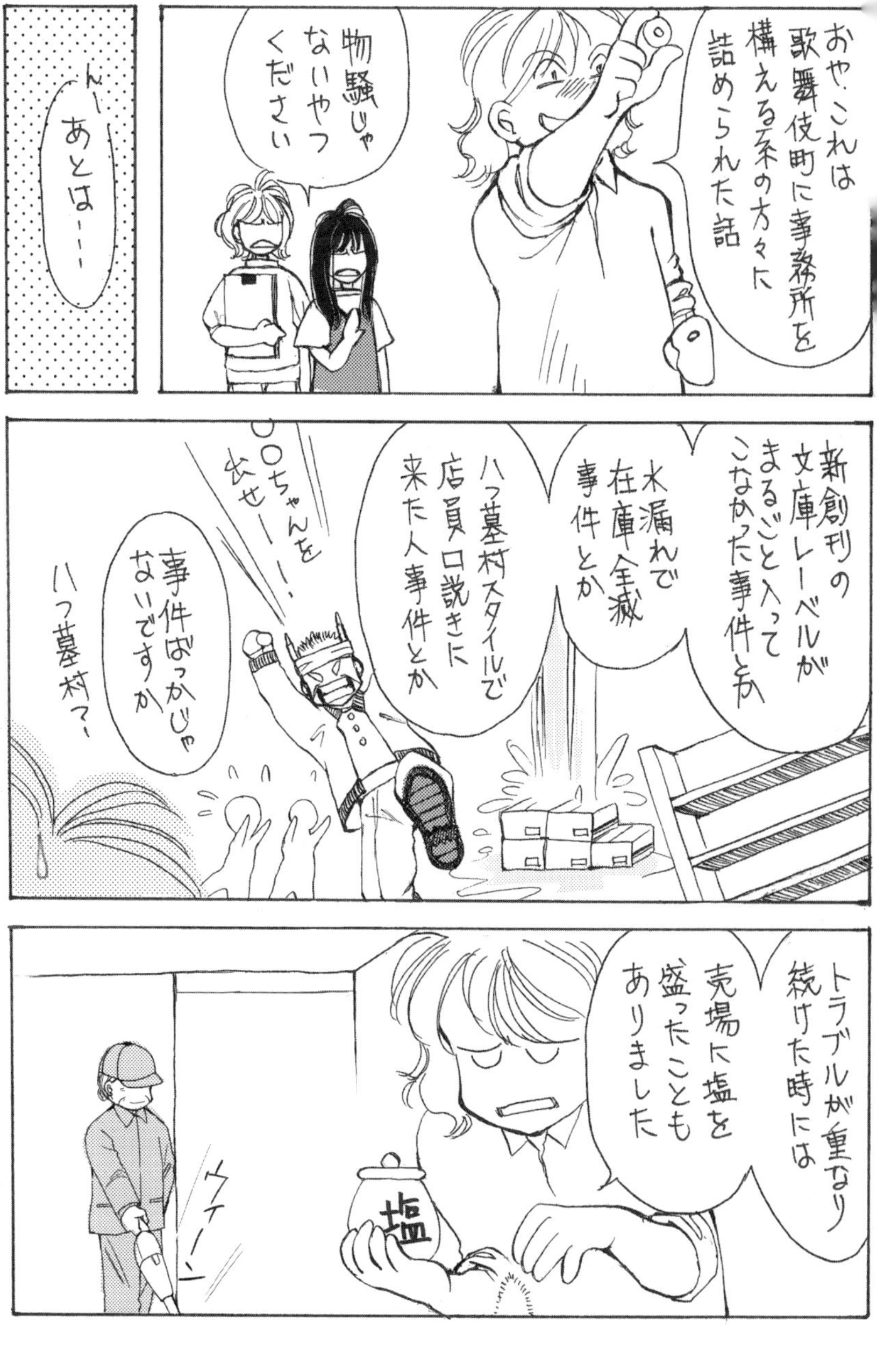
おや、これは歌舞伎町に事務所を構える系の方々に詰められた話
物騒じゃないやつください
ん〜あとは…
新創刊の文庫レーベルがまるごと入ってこなかった事件とか
水漏れで在庫全滅事件とか
八つ墓村スタイルで店員口説きに来た人事件とか
○○ちゃんを出せー!!
事件ばっかじゃないですか
八つ墓村て…
トラブルが重なり続けた時には売場に塩を盛ったこともありました
塩
ウィーン

ゴオオオオオ
この店の子は信心深いねえ
あああっ
吸われた。
しかし、こんなに長く書店員を続けるとは思いませんでした
接客苦手だし本読むの遅いし
どれだけ遅いかというと…
犯人が
ああっ
真相は
あああっ

人の三分の一しか読めません
のぞくな
ぺ
読書に量や速さは必須じゃないんですが
読んだよ、!
読んだ—!
まだ……
仕事柄コンプレックスではありました
でも、やっぱり自分なりに本は好きです
日本有数の大きな書店で好きなジャンルに長く関われて光栄でした
しかもこうして来し方を振り返る機会までいただいて
色々あったな—
色々……
数々のやらかしを思い出し、今、屍です
あっまた……

初出
「小説宝石」２０２０年４月号～２０２３年７月号
※単行本化にあたり、大幅に加筆修正致しました。

装丁……………………bookwall
ジオラマ……………依田四十郎
撮影……………………光文社写真室
イラスト………………小出和代

小出和代（こいで・かずよ）

1994年から2019年まで紀伊國屋書店新宿本店で文芸書を担当した元書店員。現在は書評や解説など執筆活動を行う。

あのとき売《う》った本《ほん》、売《う》れた本《ほん》

2023年10月30日　初版１刷発行

著　者　小《こ》出《いで》和《かず》代《よ》

発行者　三宅貴久

発行所　株式会社 光文社

〒112-8011　東京都文京区音羽1-16-6
電話　編　集　部　03-5395-8254
　　　書籍販売部　03-5395-8116
　　　業　務　部　03-5395-8125
URL　光　文　社　https://www.kobunsha.com/

組　版　萩原印刷

印刷所　堀内印刷

製本所　国宝社

ISBN978-4-334-10095-7